Herrmann-Lisi **Mondmacht**

SPHINX

Christiane
Herrmann-Lisi

# Mondmacht

Lunare Einflüsse auf das
irdische Leben

Die Deutsche Bibliothek – CIP-Einheitsaufnahme
**Herrmann-Lisi, Christiane:**
Mondmacht : lunare Einflüsse auf das irdische Leben /
Christiane Herrmann-Lisi. – München :
Hugendubel, 1996
(Sphinx)
ISBN 3-89631-149-2

1., überarb. Auflage im Heinrich Hugendubel Verlag 1996
Die beiden ersten Auflagen erschienen im Corona Verlag,
Frankfurt/Main, und im Christiane Herrmann-Lisi Verlag,
Bielefeld.


Lektorat: Barbara Imgrund, München
Umschlaggestaltung: Zembsch' Werkstatt, München
Produktion: Tillmann Roeder, München
Satz: Uhl + Massopust, Aalen
Druck und Bindung: Clausen & Bosse, Leck
Printed in Germany

ISBN 3-89631-149-2

# Inhalt

# Einleitung

Dies ist ein Buch über den Mond und seine vielfältigen Einflüsse auf das Leben der Menschen.

Die Sonne ist populärer: Alle Welt liebt ihr Licht, ihre Wärme; und dennoch – einstmals lebten Gesellschaften, die ihm nicht weniger Achtung und Respekt zollten als ihr. Es soll sogar Zeiten gegeben haben, in denen es üblich war, auf nächtlichen Wiesen im sanften Silberschein dem Mond zu huldigen.

Wußte man früher mehr über seine Einflüsse auf Mensch und Natur?

Je intensiver ich über den Mond und seine Bedeutung für unsere Vorfahren nachforschte, desto faszinierender erschien mir diese Thematik und ließ mich bald nicht mehr los. Ich stieß auf alte Mythen, Riten und Bräuche längst versunkener Kulturen und auf tiefes, sicher zu Unrecht vergessenes Wissen über erloschene Religionen. Ich geriet an dunkle Mondscheinzauber-Grenzbereiche, an skurrile alte Rezepte geheimer Mixtinkturen, aber auch an interessante, fast verstaubte Heilkunde- und Volksweisheiten, deren erstaunliche Richtigkeit mittlerweile so manches Mal wissenschaftlich bestätigt werden konnte. Ich erkannte, daß Frau Luna speziell zum weiblichen Geschlecht eine besonders innige Beziehung pflegt, ja, daß sie überhaupt für unseren Planeten Erde eine lebenswichtige Nachbarin ist. Und wenn man genau hinsieht, erkennt man auch heute noch blasse Spuren ihrer einstmals großen Popularität.

Ihre Symbolik des Wachsens, Sterbens und Neugeborenwerdens, die wohl schon Adam und Eva inspiriert haben mag, nach den Tiefen des Lebens wieder an Höhen, an ein weiteres Dasein nach dem Tod zu glauben, hat uns auch heute noch viel zu sagen.

Dieses Buch möchte Sie informieren über sehr altes Wissen ebenso wie über neuere wissenschaftliche Erkenntnisse vom Menschen als Bürger des Kosmos. Es mag gelegentlich ein wenig in die

Esoterik und manchmal auch in religiöse Bereiche führen; darüber hinaus soll es, in bezug auf das Kommen und Gehen von Glaubenslehren, nachdenklich machen – es wird vielleicht den einen oder anderen Leser sogar ein wenig kritisch gegen manche fertig verpackten, absoluten Wahrheitsansprüche heutiger Religionen werden lassen...

Machen wir uns also auf den Weg, um die Macht des Mondes kennenzulernen.

# Die Mondverehrung vergangener Kulturen

»Mond, o Mutter Mond,
Mutter aller lebenden Dinge,
höre unsere Stimme, o Mutter Mond!
Halte die Geister der Toten von uns fern,
höre unsere Stimme, o Mutter Mond,
o Mutter Mond ...«

So lautet ein altes Beschwörungslied der Pygmäen, eines Stammes kleinwüchsiger Jäger und Sammler, die in Gabun, in Westafrika leben.

Viele wissen es nicht, andere sprechen nicht gern davon, doch Mondmythologien gehen allen Religionen voraus und gehören zu den ältesten religiösen Schöpfungen der Menschheit. »Wie der Mond stirbt und zu neuem Leben erwacht, so werden auch wir Sterblichen neu leben«, hieß es in den Neumondriten kalifornischer Eingeborener. Aber nicht nur hier, sondern auf dem gesamten Globus hing man seit Urzeiten solch tröstlichen Gedanken an: Mond, o Mutter Mond ...

Wie den Pygmäen, so galt er auch vielen anderen Kulturen von jeher weiblich. Milder Silberschein, lange Zeiten hindurch die einzige Lichtquelle in der Dunkelheit, erinnerte an die fürsorgliche Allgegenwart einer liebenden Mutter, unter deren Aufsicht mit absoluter Verläßlichkeit aus jeder Nacht ein junger, neuer Tag geboren wurde.

Auch die auffällige Ähnlichkeit zwischen vierwöchigem Lichtwechsel und weiblichem Monatszyklus blieb den Menschen nicht verborgen, weshalb man schon sehr früh Fruchtbarkeit, Feuchtigkeit und Geburt, aber auch Spiritualität und Kreativität mit dem Mond in Verbindung brachte. Allmählich entwickelte sich der Gedanke, dieses Licht müsse etwas Außerordentliches, etwas Anbetungswürdiges, Heiliges sein ... So ähnlich mag alles begonnen haben.

Archäologen können heute eine Vergöttlichung des Mondes in früher sumerischer Zeit, die bereits im 3. Jahrtausend v. Chr. beginnt, bis in islamische Zeit hinein in ganz Westasien konkret nachweisen. Aber die Spuren lassen sich noch viel weiter zurückverfolgen. Die wohl ältesten sind bei uns in Europa, in der französischen Ariège-Höhle zu bewundern: 12 000 Jahre alte, aus der Steinzeit stammende Höhlenmalereien, die einen Mann darstellen, dessen Kopf sehr deutlich eine Sichel ziert, während seine Gestalt von etlichen Tieren umgeben ist. Man ist sich einig, daß es sich hier eindeutig um den Mond als Symbol der Fruchtbarkeit handeln muß. Wurde er schon in der Steinzeit als Gottheit verehrt?

Wer jemals nach Castellon in Ostspanien fährt, sollte nicht die Gelegenheit versäumen, die achttausend Jahre alten Felsbilder in der Gasulla-Schlucht zu besichtigen. Noch viel »mondauffälliger« sind die Felsbilder bei Cueva de los Letreros in Almeria – eindrucksvolle Geisterfiguren, die ebenfalls ganz offensichtlich Mondsicheln wie Symbole tragen und ca. 3000 v. Chr. geschaffen wurden. Überall auf der Erde schätzten die Menschen gekrümmte Hörnerformen hoch, weil sie der Mondsichel gleichen. Ob nun in Kleinasien oder Amerika, ob in Afrika oder England, Italien oder Griechenland, überall finden sich Darstellungen von Tier- und Personengestalten, mit so auffällig großen, ja überdimensionalen Hörnern versehen, daß deren mondische Bedeutung auf der Hand liegt.

Diese Symbolik hat sich, zumindest in der Welt der Magie, bis heute erhalten. Ob bei den letzten Schamanen, die zu ihren geheimnisvollen Ritualen Geweihe als Kopfschmuck tragen, oder bei den neuen, modernen Hexen, die ihren Gehörnten, den Gott der Fruchtbarkeit, umtanzen und verehren – die alten Symbole tauchen immer wieder auf.

Auch heute noch existieren etliche Überreste einstmals geheiligter Kultstätten, deren Herkunft und ehemalige Bedeutung jedoch weder den vorbeiziehenden Touristen noch den meisten Einheimischen bekannt ist.

Viele große Marienkirchen Europas stehen in unmittelbarer Nähe einstiger Kultruinen längst vergessener Mondgottheiten –

so zum Beispiel die Kirche Santa Maria Maggiore auf dem Esquilin in Rom, unter deren Fundamenten die Reste eines Tempels der Göttermutter Kybele ruhen. Weniger als dreihundert Meter weiter grub man Steine eines alten Tempels aus, der früher einmal der Juno Lucina geweiht gewesen sein soll, und die berühmte Notre Dame in Paris, »Unsere liebe Frau«, wurde 1163 direkt auf den Trümmern eines Heiligtums der Göttin Luteti, auch Lutece genannt, errichtet.

Handelt es sich hier um Zufälligkeiten oder um ein bewußtes Auslöschen alter Erinnerungen?

Unsere Mondkult-Entdeckungsreise soll uns nun fort von Europa rund um die Erde führen.

Unzählige Geschichten und Mythen ranken sich um Frau Luna. Kaum ein anderes Gestirn hat Geist und Phantasie der Menschen so sehr bewegt wie sie. Höchst interessant bei all diesen Überlieferungen ist die Tatsache, daß die meisten, von woher sie auch stammen mögen, Ähnlichkeiten in zweierlei Hinsicht aufweisen: Da heißt es zum einen, der Mond sei vor langer, langer Zeit ein sehr schönes Gestirn gewesen, auf dem es auch Leben gab. Zum anderen taucht immer wieder die Behauptung auf, fremde Götter hätten ihn einst als »Raumfahrtstützpunkt« benutzt.

Natürlich wird es niemals möglich sein, alle Mythen, Sitten und Bräuche, Götter und Dämonen zu erfassen, die je mit dem Mond in Verbindung gebracht wurden. So habe ich lediglich die interessantesten der bekannten Mondkulte herausgesucht, obwohl die vorliegende Sammlung selbst unter diesem Gesichtspunkt keinen Anspruch auf Vollständigkeit erheben kann.

Ebensowenig läßt sich mit Bestimmtheit sagen, ob die folgenden Glaubensinhalte und Traditionen mittlerweile allesamt, vom Mantel unseres aufgeklärten Denkens überdeckt, einer fernen Vergangenheit angehören oder vielleicht dennoch hier und da an vereinzelten Orten weiterpraktiziert werden. Wie dem auch sei, lassen wir jene Weltbilder an uns vorbeiziehen, die, wenngleich sie uns heute fremd und manchmal geradezu absurd erscheinen mögen, dereinst das Denken unserer Vorfahren beherrschten.

Keinem Geringeren als dem Mond hatten es Christoph Kolumbus und seine Männer zu verdanken, daß ihre letzte große Reise nach Übersee mit einer glücklichen Heimkehr endete. Dabei schien sich Fortuna zunächst einmal von ihnen abzuwenden, denn im März 1509 wurde die gesamte Schiffsbesatzung von Eingeborenen angegriffen, gefangengenommen und kurzerhand zum Hungertod verurteilt. Kolumbus aber, als erfahrener himmelskundiger Seefahrer bekannt, wußte, daß just eine Mondfinsternis bevorstand, und erinnerte sich vorheriger Beobachtungen, die auf eine innige Mondverbundenheit vieler Urstämme schließen ließen.

Kühn drohte er deshalb dem Häuptling an, das Nachtlicht fortzuzaubern. Natürlich mochte ihm zunächst niemand glauben; als sich Frau Luna in der folgenden Nacht aber tatsächlich zu verdunkeln begann, wurden die Einheimischen von panischem Schrecken befallen. Man schleppte Nahrungsmittel herbei, versprach allen Matrosen die Freiheit und beschwor Kolumbus, den bösen Zauber zurückzunehmen.

Die Silberscheibe gewann – wie könnte es anders sein – ihre Leuchtkraft wieder. Die Spanier aber hißten rasch die Segel und fuhren eiligst von dannen...

Ebenso wie in Mittelamerika verehrte man den Mond auch im Norden der Erdkugel.

In Grönland wurde eine Mondgöttin namens »Die-keinen-Mann-nehmen-will« angebetet. Die Eskimos – das nebenbei bemerkt friedfertigste Volk der Erde, dem selbst das Wort »Krieg« unbekannt ist – glaubten, auf der Mondtagesseite regiere der Himmelsgott Alignak mit seiner Schwester-Gemahlin Titanin-Sedna, während sich ein Stückchen weiter die Seelen der Toten mit Singen, Spielen und Jagen vergnügten. Wenn der große Alignak aus seinem von stolzen, schwarzköpfigen Hunden gezogenen Schlitten steige, um ihnen gerade verstorbene Neuankömmlinge vorzustellen, würden die Toten ihr munteres Treiben unterbrechen, um alle Fremden freundlich zu begrüßen.

Für die in Kanada lebenden Haida entsprach »Die-keinen-Mann-nehmen-will« dem männlichen Gott Roong. Man glaubte, er habe, als es ihn an einem langweiligen Tag nach Gesellschaft verlangte, einen Menschen entführt, der sich bis heute vergeblich freizukämpfen suche. Wenn im Verlaufe der Streitigkeiten ein gefüllter Wassereimer umfalle, regne es auf der Erde.

Weiter südlich pflegten sich kalifornische Indianer unter der zunehmenden Sichel Bälle zuzuwerfen, um ihr Wachsen helfend zu unterstützen. In einer alten Überlieferung heißt es, die Spielregeln seien vom »Großen Hasen«, vom Mond selbst, eingeführt worden, der aber statt der Bälle frische Eier benutzte. Die Assoziation zu unserem eierversteckenden Osterhasen drängt sich hier förmlich auf.

Und tatsächlich ist diese Symbolik weltweit verbreitet. Waren Eier von jeher ein Zeichen weiblicher Fruchtbarkeit, so galt der höchst vermehrungsfreudige Meister Lampe vielen Kulturen als Mondsymbol, nicht zuletzt deshalb, weil er sich bei Vollmond wie hypnotisiert in die Ackerfurchen duckt und nur gebannt auf das Nachtlicht zu starren vermag. Hasen, Eier, Fruchtbarkeit, Sexualität, Neubeginn, Mondlicht – all diese Assoziationen gehören von jeher zum Frühjahr, zum Osterfest, dessen Vorsilbe vermutlich vom Namen der Frühlingsgöttin Ostera abgeleitet wurde, das aber sonst kaum Gemeinsamkeiten mit der österlichen Kirchenlehre aufzuweisen hat. Auf diese Zusammenhänge wird später ausführlicher einzugehen sein.

Nordamerikanische Mandanen beteten ihre »Alte-Frau-die-niemals-stirbt« an. Sie galt als Schutzgöttin des Ackers, besonders des Maisanbaus. Zur alljährlichen Aussaatzeit versammelten sich betagte Stammesgreisinnen, um die Mondgöttin zu feiern. Das übrige Volk tummelte sich zu ihren Füßen und überreichte Maiskolben, deren Samen unter großem feierlichem Aufwand gesegnet und in die Erde gelegt wurden.

Mexikanische Riten verliefen sehr viel weniger friedlich: Von Teteoinnan hieß es, sie dürste nach Blut. Auserwählte Stammesglieder köpften eine Frau, deren abgezogene Haut ein Mann anlegen mußte, um somit die regelmäßige Wiederkehr der Mondin, der erstandenen Göttin, darzustellen.

Von Mexiko ist es auf der Landkarte nur ein Sprung bis nach Kolumbien, wo die Uitoto lebten. Ihr Hauptgott Mona wurde als personifizierte Schaffenskraft, als allwissend-weiser Vorfahre verehrt. Die Krieger kämpften niemals nachts; grelle Sonnenstrahlen schienen ihnen ein passenderer Rahmen für kriegerische Auseinandersetzungen zu sein. Die Männer wähnten, in der heißfeurigen Himmelsscheibe ein Halsband aus den Zähnen erlegter Feinde erkennen zu können, und eine noch ältere Überlieferung behauptete, der Sonnengott selbst habe den guten Mond geköpft, um sich mit dessen Kauwerkzeugen zu schmücken.

Matriarchatsforscher können im Mythenschatz der Uitoto viele interessante Hinweise finden. Tatsächlich werden Sonnenreligionen von manchen Historikern mit Kriegen und kämpferischen Eroberungszügen in Verbindung gebracht, während man Mondreligionen eher als Geistesprodukte friedlicher Mutterherrschaft sieht, die übrigens heute noch in manchen Stämmen Afrikas und Melanesiens existiert. Aber trotz verlorener Zähne blieb der Mond in den Augen der Uitoto dennoch der Überlegene. »Er war ja früher die Sonne«, hieß es. »Weil er jedoch nicht wärmte, wurde nur der Name geändert.«

Die Kultur der Chimù blühte zwischen 600 und 1460 an der Nordküste Perus. Obwohl längst versunken, wissen wir heute viel von diesem ehemals hochzivilisierten Indianervolk. Die Chimù waren nämlich Meister im Töpfern von Vasen, die sie kunstvoll mit Alltagsszenen bemalten. Dank günstiger Bodenverhältnisse stießen Archäologen auf viele gut erhaltene Funde, deren schönste Exemplare nun die großen Museen der Welt bereichern und ihren Besuchern vom Leben jener Zeit erzählen.

Immer wieder finden sich religiöse Motive. Wir sehen zum Beispiel Si, den Mondgott, mit zwölfzackiger Federkrone gleich den zwölf Jahresmonden auf dem Haupt, souverän auf einer Balsa, einem Floß, über den Himmelsozean schaukeln. Auf anderen Vasengemälden überquert er den Horizont in einer sichelförmigen Barke, die, als Zeichen seiner Herrschaft über Feuchtigkeit und Fruchtbarkeit, mit taugefüllten Krügen beladen ist. Auf einem mächtigen Schlangenrücken nimmt er hoheitsvoll die Huldigungen anderer Götter an, die ihm mit gefüllten Pokalen entgegenschreiten.

Auf wieder anderen Darstellungen wird die Sänfte des Si von hundeähnlichen, jedoch wie Menschen gekleideten Wesen getragen. Hunde, Wölfe und Füchse galten den Chimù wie den Mexikanern als Mondtier – möglicherweise, weil sie ihn nachts anheulen. Etliche Indianerstämme räumten diesen Tieren ebenfalls einen höchst wichtigen Platz in der Schöpfungsgeschichte ein. Man hing der Vorstellung an, der Mensch stamme nicht vom Affen, sondern vom Hund ab. Nur sei im Laufe der Entwicklung, vermutlich als Folge des aufrechten Sitzens, unser schöner buschiger Schwanz verlorengegangen, weshalb man sich heute, wenigstens bei Festen und Feiern, mit einem provisorischen Ersatzschwanz begnügen müsse.

Schwanzbehaftete Menschendarstellungen finden sich nicht nur auf Chimù-Gefäßen, sondern auch auf Darstellungen kalifornischer Indianer, sie tauchen in altägyptischen Berichten ebenso wie auf prähistorischen schwedischen Felszeichnungen auf. Von den Mexikanern weiß man, daß sie, sobald der Sommerregen länger als gewohnt ausblieb, dem Mond mit der Bitte um Wetterumschwung unbehaarte Hunde zu opfern pflegten.

Aber zurück zu den Chimù. Sie hatten mehr als jedes andere Volk unter Trockenheit zu leiden, denn die schmale Küste Nordperus gehört zu den niederschlagsärmsten Gebieten der Erde. Dennoch litten sie keine Not, weil sie sich mittels klug angelegter Bewässerungssysteme – langer Kanäle und Leitungen – zu helfen wußten. Verständlich jedoch, daß sie den Sonnenanbetungszeremonien ihrer Nachbarn nicht viel abgewinnen konnten. Erschien nicht an manchen Tagen die blasse Silberscheibe Sis, wie um zu zeigen, wer der Allgegenwärtige, der wahrhaft Überlegene sei? Verfinsterte der Mond nicht oftmals die Sonne, während diese ihn niemals zu verdunkeln vermochte?

So fanden bei Sonnenfinsternissen große Feste zu Ehren des Mondes statt, bei denen man ausgiebig seinen offensichtlichen Sieg feierte, während Mondfinsternisse Anlaß zu trauerumflorten Klagetänzen boten. Sein Verschwinden wurde lediglich zur Neulichtzeit begrüßt, glaubte man doch, Si nutze diese Stunden, um böse Diebe im Jenseits zu bestrafen.

Einbruch galt den Chimù, die weder Türen noch Schlösser an ihren Häusern kannten, als schlimmes Vergehen, das nur mit drastischen Strafen gesühnt werden konnte. Wurde ein Verlust gemeldet, brachte die versammelte Gemeinschaft dem Mond Opfer und bat, den Übeltäter zu überführen, der schließlich samt seinen Komplizen und Mitwissern kopfunter fast bis zum Erstikken aufgehängt wurde.

In den vielen übers Land verteilten Tempeln und Pyramiden, die man »Si-an«, Haus des Mondes, nannte, lebten geweihte Jungfrauen, die das ehrenvolle Amt der Mondpriesterin bekleiden durften. Sie nahmen eine gesellschaftliche Spitzenstellung ein und wurden so hoch geschätzt, daß es – selbst wenn sie nur einfachster Herkunft waren – höchstens dem König gestattet wurde, eine von ihnen zu heiraten. Priesterinnen, die sich als unwürdig erwiesen, die sich in einen gewöhnlichen Mann verliebten oder gar ihre Reinheit aufgaben, wurden zum Tode verurteilt und unter vielen Verwünschungen vom höchsten Gipfel der Berge gestoßen. Nicht viel besser erging es dem Liebhaber; man band ihn und warf ihn den Raubvögeln zum Fraße vor – in der Hoffnung, daß ein Dämon kommen werde, um seine mondschändende Seele davonzutragen.

Dank der Vasenmalereien sowie späterer Aufzeichnungen der Missionare ließen sich auch einige Opferriten rekonstruieren. Heute wissen wir, daß sportliche Wettläufe im Mittelpunkt vieler Kulthandlungen standen. Dabei trugen die Läufer, die über Berg und Tal zu einer großen Tempelpyramide spurteten, prunkvollen Kopfzierat und hielten ein mit Bohnen gefülltes Säckchen in den Händen, um den Lauf der himmlischen Götter nachzuahmen und die Fruchtbarkeit der Felder magisch zu beeinflussen.

Blieb der göttliche Segen dennoch aus und drohten der Gemeinschaft ernsthafte Gefahren, griff man jedoch zu weitaus drastischeren Mitteln – den Menschenopfern. Sie hat es zu fast allen Zeiten und in nahezu allen Kulturen gegeben. Immer sollten sie die Bitte um Fruchtbarkeit und Leben wirksam unterstützen. Dabei glaubte man, je heiliger und geliebter das Opfer war und je schmerzlicher der Verlust den Hinterbliebenen erschien, desto stärker und länger anhaltend müsse die als Gegenleistung zurückfließende Lebensenergie sein.

Ein Handel, die uralte Idee des »Do, ut des«: Ich gebe, damit du mir gibst. Gedanken, die aber gleichfalls von einem tiefen Glauben an die Allmacht des Göttlichen zeugen und sicher ebenso das Vertrauen auf ein jenseitiges Weiterleben der Geopferten einschlossen. So etwa müssen wir uns die schrecklich anmutenden Riten erklären, bei denen fünfjährige Kinder um reicher Ernten und ruhigen Meeres willen in den Häusern des Mondes getötet wurden – unter den Augen ihrer Mütter, die es geschehen ließen.

Von den Chimù weiß man darüber hinaus, daß sie ihren Bedarf an Opferblut auch mit Gefangenen zu decken pflegten, die auf eigens zu diesen Zwecken inszenierten Kriegszügen gemacht wurden. Nackt, mit gebundenen Händen erwarteten sie den Tod, während Priester und Priesterinnen in nächtlicher Stunde Gesichter und Arme beschwörend gen Himmel hoben, um alle Göttergunst zu erflehen. Nach der Vollstreckung wurde das Blut der Getöteten in großen Schalen den Seeadlern angeboten, die als die Schutzgeister der eigenen Krieger galten.

Den Chimù benachbart war eine andere interessante und hochzivilisierte Kultur – das Volk der Inka. Sie sind eher als Sonnenanbeter denn als Mondkultanhänger bekannt geworden. So galt der amtierende König als »Kind der Sonne«, als menschgewordene Gottheit, und um ihren einstmals prächtigen Sonnentempel in Cuzco, auf dessen Fundamenten heute christliche Kirchen thronen, ranken sich noch immer Legenden und Erzählungen.

Die Inka verehrten viele Götter. Sie waren ein kriegerisches Volk, das die Kulte der besiegten Feinde, zu denen schließlich auch die Chimù zählten, in die eigene Religion integrierte, um fremde himmlische Hoheiten nicht zu verärgern. Sie beteten zu Niracocha, der als Schöpfer von Sonne, Mond und Sternen gepriesen wurde, zu Sua, dem Sonnengott, zum Erdgott Chipchacum, zu Bochica, dem Gott des Regenbogens, und vielen anderen mehr.

Mag man auch über derartige religiöse Vielförmigkeiten lächeln – diese Götterfülle war den damaligen Menschen eine Art Versicherung, eine Rückendeckung; hatte man den Unmut des einen Gottes auf sich gezogen, so blieben noch immer genügend andere, von denen notfalls doppelter Schutz und Beistand zu erhoffen war.

Trotz aller Sonnenliebe nahm der Mond auch für die Inka eine nicht unbedeutende Stellung ein – manche Historiker glauben sogar, daß selbst hier lunare Kulte vor Sonnenkulten präsent waren.

Besonders die Küste galt als Domäne der Mondgöttin Chia, der »Mama Quilla«, der Mutter Mond. Sie wurde als silberne Scheibe mit menschlichen Zügen dargestellt und als mächtige Schutzherrin aller verheirateten Frauen verehrt.

Touristen können im Titicacasee die Mondinsel Coati besichtigen, von deren verfallenem Tempel man zwar nicht exakt weiß, ob er einst als Kultstätte oder als astronomischer Beobachtungsposten diente, der aber Berichten alter Geschichtsschreiber zufolge in seiner Glanzzeit mit edlen, kunstvollen Silberplatten verziert gewesen sein soll. Nahe dem heute von spanischsprachigen Indianern bewohnten Dorf Moche befinden sich Reste zweier unterschiedlich großer Lehmziegelpyramiden, von denen die kleinere immerhin noch stolze 21 Meter Höhe mißt und als Mondpyramide gilt. Leider läßt sich die Schönheit der Wandmalereien, die von Flugsand, Nebel und Menschenhand zerstört wurden, nur noch erahnen.

Hört man von der Inkakultur, so werden Bilder von Reichtum und sagenumwobenen Schätzen lebendig. Auf der peruanischen Hochebene soll es einen prächtigen Tempel nebst prunkvoller Einrichtung aus purem Gold gegeben haben. Hier lebten die Sonnenjungfrauen, deren erste Aufgabe es war, die heilige Flamme, die nur einmal jährlich zur Sommersonnenwende mit einem Hohlspiegel direkt an den göttlichen Strahlen entzündet werden durfte, zu bewachen. Hochgeachtet wie jene bereits erwähnten Mondjungfrauen der Chimù, woben sie zudem weiße Wollgewänder für das Königshaus, bereiteten Wein und Brot für heilige Zeremonien vor und pflegten ihre magischen Riten.

Doch trotz allen Sonnenfeuers, trotz allen sonnigen Goldes – auch hier wurde die Mondin nicht vergessen. Alljährlich schritten die Priesterinnen, Mama Quillas kühles Silberbild feierlich auf den Schultern tragend, zum großen Sonnentempel hinauf, um für Fruchtbarkeit und Leben der Erde zu danken.

Wie überall, wo Göttinnen angebetet wurden, wirkte sich die Hochschätzung des weiblichen Prinzips auch in Peru äußerst positiv auf die gesellschaftliche Stellung der Inkafrauen aus. Sie genossen hohes Ansehen. Man glaubte an eine geheime Verbindung zwischen der Natur und von Frauen hergestellten Gegenständen. Kaum jemand hätte es hier gewagt, gegen weibliche Eigentumsrechte zu verstoßen, bis die Spanier ins Land fielen: Die Konquistadoren raubten die alten Schätze, zerstörten die großen Bauten und erklärten die indianischen Völker zu mehr oder weniger rechtlosen Untertanen.

Mit den Spaniern zog der Katholizismus ein. Als erklärtes Ziel galt es nun, den »heidnischen Irrglauben« gründlichst auszurotten. Eine große »Reinigungsaktion« begann. Priester und Mönche machten sich eifrig ans Werk, die »Wilden« zu bekehren. Tempel und Heiligtümer wurden systematisch niedergerissen, Idole, Mumien und Götterbilder auf riesigen Scheiterhaufen verbrannt. In Sachen Hinrichtung und Verbrennung hatten die Christen ja schon einige Erfahrung, bekamen doch die Frauen Europas gerade die ersten Auswirkungen der Hexenverfolgung zu spüren.

Die Christianisierung brachte auch in Südamerika Tränen und Blutvergießen mit sich, und aus den alten heidnischen Mauerresten wuchsen triumphierend neue Kirchen und Klöster. Dennoch – einige Einheimische der nordperuanischen Küstenregionen sollen ihrem Mondkult trotz allem bis ins 16./17. Jahrhundert hinein die Treue gehalten haben. Dann hatte die christliche Kirche auch hier gesiegt.

Im Gegensatz zu den geschichtlichen Daten stehen hinter den Mythen keine greifbaren Fakten. Diese seit Jahrtausenden von Generation zu Generation weitergegebenen Überlieferungen muten uns heute nur noch phantastisch-märchenhaft an, denn ihre verschlüsselten Aussagen lassen sich kaum noch dechiffrieren. Wie etwa jener Mythos, in dem Sonne seiner Nachbarin Mond Asche ins Gesicht streute, weil er ihr den Glanz neidete. Darf man dies als eine Anspielung auf die von Männern herbeigeführte Unterdrückung der Frauen, also eine Anspielung auf den Sieg des Patriarchats über das früher sehr mächtige Matriarchat interpretieren? – Das ist sicher eine plausible Deutung.

Mondflecken, auch für uns mit bloßem Auge erkennbar, haben die menschliche Phantasie wieder und wieder angeregt.

Die Jamunda in Brasilien erzählten sich, jene dunklen Stellen zeigten die Umrisse eines Mädchens, das sich einst in den eigenen

Bruder verliebte, diesen heimlich besuchte und verführte. Der aber entlarvte das schändliche Tun seiner Schwester, indem er mit geschwärzter Hand über ihr Gesicht fuhr – und da hockt sie nun beschämt im Mond, die Arme.

Aus der gleichen Gegend stammt eine ähnliche Version, in der die Frau aber nicht als lüsterne Verführerin, sondern als Opfer dargestellt wird. Hier wird ein Mädchen nachts in aller Stille von einem anonymen Liebhaber besucht und beglückt. Weil sie verständlicherweise den großen Unbekannten wiederzuerkennen wünschte, schwärzte sie seinen Rücken und mußte am nächsten Morgen entsetzt entdecken, daß der Fremde kein anderer als der eigene Bruder war. Beschämt flohen beide gen Himmel, wo sie sich zur strahlendschönen Sonne entwickelte, während der Bruder-Geliebte in den leicht angefleckten Mond verwandelt wurde.

Wir machen einen Sprung nach Neuguinea, wo die Papua als Ackerbauern, Jäger und Fischer leben und heute noch einen ausgeprägten Ahnen- wie Zauberkult pflegen. Wie entstand nach ihrem Weltverständnis das Nachtlicht?

Vor langer Zeit entdeckte ein Mann beim Graben einen undefinierbaren glänzenden Gegenstand. Als er ihn in die Hände nahm, begann er zu wachsen. Er schwoll und schwoll, bis er ihm schließlich aus den Fingern glitt und zum Himmel abhob, wo er nun des Nachts als Goldmond zu bestaunen ist. Die Papua glauben weiter, das Licht würde heute sicher wesentlich heller scheinen, hätte es länger im Boden ruhen und auf natürliche Weise herauswachsen können.

Andere Stämme Neuguineas meinen, der Mond sei ursprünglich ein runder, simpler Spielzeugball gewesen. Da Sonnengott Waneka es aber leid war, den Erdbewohnern Tag und Nacht leuchten zu müssen, überredete er ihre Kinder, einen Ball emporzuwerfen, den er auffing und flugs zu einer nächtlichen Notbeleuchtung umfunktionierte.

Hat man einmal mit Nachforschungen begonnen, stößt man immer wieder auf neue, manchmal ganz unvermutete mythologische Spuren, die auf den einstmals wichtigen Stellenwert Lunas hinweisen.

Es gilt als sicher, daß sie in Kambodscha nicht nur als Herrscherin des Wachstums, sondern ebenso als Beschützerin alles Lebendigen verehrt wurde. Bei Vollmond glaubte man, sich begründete Hoffnungen auf positive Wendungen machen zu dürfen, und es ist gut vorstellbar, daß diese Idee heute noch in vielen Menschen dort weiterlebt.

In Burma wird noch heute folgende Erzählung weitergegeben: Eine sterbende Großmutter hinterließ ihrem Enkelsohn einen abgenutzten Mörserstößel, mit dem der junge Mann zwar nicht viel anzufangen wußte, ihn aber dennoch in Ehren hielt und stets bei sich trug. Eines Morgens begegnete ihm eine Schlange und bat, sich den Stößel ein Weilchen ausleihen zu dürfen. Als der Junge verwundert nach dem Grund fragte, erklärte sie, mit diesem Teil ihren toten Gefährten zu neuem Leben erwecken zu wollen. Natürlich war der Bursche skeptisch, wußte er doch gar nichts von derartigen Kräften. Als die Schlange aber von ihrer Bitte nicht abließ, gab er schließlich nach und folgte ihr. Tatsächlich wurde das tote Tier allein durch das Halten des Stößels vor die Nasenlöcher wiederbelebt. »Nun weißt du dein Erbe anzuwenden; aber achte darauf, niemandem dein Tun zu erklären, sonst geht der Zauber verloren«, gab ihm die Schlange als Mahnung und Dank mit auf den Weg.

Nachdem er in sein Heimatdorf zurückgekehrt war, stieß der Junge auf den übelriechenden Kadaver eines Hundes. Ohne lange zu überlegen hielt er, neugierig und fasziniert zugleich, auch diesem den Stößel unter die Schnauze, und der Hund begann zu atmen, erhob sich, folgte ihm freudig schwanzwedelnd und wurde bald sein treuester Freund. Da er noch lange den penetranten Kadavergestank in der Nase hatte, nannte der Bursche ihn scherzhaft »Meister Stinker«.

Die beiden zogen durchs Land, heilten viele Menschen und gaben Toten das Leben zurück, was schließlich dem König zu Ohren kam. Da er gerade vom Tod der eigenen Tochter tief getroffen war, bat er den Fremdling um Hilfe. Als das Mädchen bald darauf wieder die Augen aufschlug, gab er sie hocherfreut ihrem Retter zur Gemahlin. Aber auch als glücklicher Ehemann behielt unser Freund das Geheimnis um sein wundersames Erbe für sich.

Eines Nachts nun kam ihm der Gedanke, die unsichtbare Kraft des Stößels könnte, in regelmäßigen Abständen eingeatmet, vielleicht ihm und seiner geliebten Frau ewige Jugend verleihen. Heimlich hielt er ihn ihr und sich selbst unter die Nase, und nach Wochen schien keiner von beiden auch nur eine Spur gealtert zu sein. Das bemerkte der Mond und wurde sehr eifersüchtig. »Alles außer mir wird älter und stirbt. Sogar die strahlende Sonne muß schließlich untergehen. Es ist nicht gut, daß ein Sterblicher diesen Stößel besitzt«, dachte er und machte sich auf den Weg zur Erde.

Der junge König hatte indes das Wunderstück gewaschen und wollte es just auf einer Wiese trocknen lassen, als die Gattin ihn ins Haus rief. Der Mond beobachtete, wie Meister Stinker beauftragt wurde, die Aufsicht zu übernehmen, und hielt seine Stunde für gekommen. Unsichtbar, denn es geschah am hellichten Tag, eilte er hinzu, packte den Stößel und lief davon.

Der gute Hund, der den Fremden zwar nicht sehen, wohl aber das begehrte Beutestück riechen konnte, jagte bellend hinterdrein – und folgt ihm bis heute noch dicht auf den Fersen. Weil er dabei aber auch stets ein bißchen am Stößel schnuppert, bleibt er ewig jung und unsterblich. Manchmal gelingt es ihm sogar, den Mond zu verschlingen. Aber er muß ihn stets wieder ausspeien, weil die runde Goldkugel für seinen Rachen viel zu groß ist... Und wenn die Burmesen eine Mondfinsternis beobachten, heißt es selbst in unseren Tagen noch manchmal: »Seht nur, Meister Stinker hat wieder den Mond verschluckt!«

Verweilen wir noch ein wenig bei dem Gedanken der Unsterblichkeit: Die indische Lehre der Reinkarnation geht von Seelenwanderung und Wiedergeburt aus. In den Upanischaden, jenen vorchristlichen, den indischen Veden beigefügten Texten, läßt sich folgendes nachlesen:

Der Mensch geht nach dem Tode zum Mond, um von dort in den Äther, dann in die Luft, schließlich in Rauch, Nebel und Wolke überzugehen. Als Regen sinkt er zur Erde, geht in die Erde, wird als Reis, Gerste, Sesam, Bohnen und in den Bäumen wiedergeboren. Menschen und Tiere verzehren die Früchte, der aus der Nahrung entstandene Same ergießt sich in den Mutterschoß, und ein neuer Mensch tritt ins Leben.

An dieser Überlieferung wird sichtbar, welch wichtige Rolle der Mond als erste Todesstation gespielt haben muß. Wie oft werden im alten Indien wohl Hinterbliebene nach dem schmerzlichen Verlust eines geliebten Menschen sehnsuchtsvoll sein Licht am Himmel gesucht haben?

Der Mond wurde im Sanskrit als »Herr der Kräuter« bezeichnet, wobei man sicherlich an Heil- und Zauberkräuter dachte, und die Rigweda, die älteste schriftliche Überlieferung indischer Religionsphilosophie, widmete ihm ein ganzes Kapitel.

Die frühen indischen Gelehrten setzten den Mond ihrem hochheiligen Soma gleich, einer kostbaren Pflanze, die allen wichtigen Weihespenden beigefügt wurde, und deren gegorener Saft als göttlich galt. Soma, sprich der Mond, symbolisierte den Sieg über den Tod. Soma verhieß Unsterblichkeit all denen, die von ihm tranken, ähnlich etwa dem im christlichen Abendmahl in das Blut Jesu umgewandelten Wein. In den Puranas heißt es: »Möge der Gott Soma, der der Mond genannt wird, mich befreien ... Dank Soma sind die Aditys (Söhne der Göttin) mächtig; dank Soma ist die Erde groß, und Soma befindet sich inmitten der Sterne. Wenn die Pflanze zermalmt ist, halten die, die davon trinken, sie für Soma, aber keiner kann trinken, was die Heiligen als Soma betrachten.«

Wasser, eine volle Nacht hindurch den reinen Silberstrahlen des Mondes ausgesetzt, verwandle sich schnell in hochwirksames Heilmittel gegen Krankheiten wie Mond- oder Schwindsucht, glaubte das Volk. Tatsächlich findet sich die Vorstellung, daß Mondstrahlen kraft- und lebensspendend und mondbeschienenes Wasser wundersam und heilkräftig seien, auf der ganzen Welt wieder, und die moderne Psychologie bestätigt, daß ein starker, unbeirrbarer Glaube selbst simplem Regenwasser Heilkräfte zu verleihen vermag.

Bei den Indern durfte die junge Sichel niemals beschuht, sondern nur auf nackten Füßen betrachtet werden, wobei als Zeichen tiefer Bewunderung ein Zeigefinger zwischen die Augenbrauen zu halten war. Als äußerst sündhaft galt es, in mondzugewandter Stellung gewisse unvermeidliche Geschäfte zu erledigen, hieß es doch in der Tchimschian-Sage: »Ihr sollt zu mir beten, und ihr sollt den Mond nicht ansehen, wenn ihr am Ufer sitzt und eure

Notdurft verrichtet.« Daß es, selbst wenn es aus noch so heller Begeisterung heraus geschah, nicht erlaubt war, mit bloßem Finger auf ihn zu zeigen, versteht sich fast von selbst; ein Verbot, das ebenso in China, Griechenland und Deutschland galt.

Größte Aufregung herrschte stets dann, wenn Mond oder Sonne zu verfinstern drohten. Abrupt wurde das tägliche Leben unterbrochen, es galt nun zu retten, was zu retten war, und den Göttern erste Hilfe zu leisten. In ganz Indien wurden hektische Maßnahmen getroffen und sämtliche Wasserkrüge entleert, damit nicht etwa ein Dämon hineinfahre. Priester streuten, eifrig Beschwörungsformeln murmelnd, schutzbringende Kuschagras-Blätter vor die Hausschwellen. Eiligst geschöpftes heiliges Gangeswasser wurde dem Trinkwasser und allen Speisen beigefügt, die keinesfalls in dieser von Unheil erfüllten Zeit genossen werden durften. Waren alle erforderlichen Vorkehrungen getroffen, unterzog man sich samt den Hausgöttern einer gründlichen Reinigung. Schließlich sammelten sich die Menschen an bestimmten Orten, um mit vereinten Kräften, mit Lärmen und Schießen, zur allgemeinen Gegenoffensive überzugehen; wobei es den Frauen vorbehalten blieb, unterstützend mit metallenen Pfannen zu klappern – bis der Mond wieder siegreich zum Vorschein kam. Langsam gewannen die Inder ihre Fassung zurück; das Alltagsleben lief in den gewohnten Bahnen weiter.

Eine Erzählung: Eine Frau wacht auf. Sie entwickelt sich zu einer starken, emanzipierten Persönlichkeit. Ihr Ehemann beobachtet diesen Werdegang mit zunehmender Skepsis. Unwillig muß er erkennen, daß sie nicht mehr schutzsuchend zu ihm aufschaut, mehr sich selbst als ihm gehört und nicht mehr bereit ist, ihm zu dienen. Schließlich weiß er sein vermeintliches männliches Recht nur noch durch körperliche Gewalt zu erzwingen. Seine Gattin flieht. Sie läßt sich an einem ruhigen Ort nieder und baut eine eigene Existenz auf. Bald aber hat der räumliche Abstand die erhitzten Gemüter abgekühlt. Man trifft sich wieder, und allmählich lernt er, sie als ebenbürtige Gleichberechtigte zu akzeptieren. Obwohl es zu einer Aussöhnung kommt, will die Frau ihr neues Lebensgefühl, ihre mittlerweile liebgewordene Freiheit nicht mehr aufgeben. In Trennung lebend, bleiben sie gute Freunde.

Dies ist keine moderne Ehegeschichte, sondern der Inhalt eines uralten chinesischen Mythos: Chang-o, die Göttin des Mondes, fürchtet den Zorn ihres Gatten, des Bogenschützen I, weil sie verbotenerweise dessen Droge der Unsterblichkeit geschluckt hat. Sie flüchtet zum Mond. Später versöhnen sich beide. Er besucht sie oft und gern in ihrem prächtigen Mondpalast.

»Im Himmel gibt es Sonne und Mond, auf der Erde gibt es (dem entsprechend) Yin und Yang«, kann man im 27. Kapitel des T'ien-kuan shu im Shih-chi nachlesen. Der Mond galt den Chinesen seit frühester Zeit als die Verkörperung des weiblichen Weltprinzips Yin. Volkstümliche Kreise sehen in ihm auch einen gütigen alten Mann, der insgeheim passende Ehepartner aussucht. Heimlich, von allen unbemerkt, wickelt er rote Zauberfäden um ihre Füße, so daß die füreinander Bestimmten mit absoluter Verläßlichkeit und ungeachtet aller Hindernisse, stets zusammenfinden und ein Paar werden.

Ganz anders hingegen zum Beispiel das Mondbild der Letten. Sie spannten den Mond für ihre kriegerischen Zwecke ein, sahen sie in ihm selbst doch einen tapferen Kämpfer, der unermüdlich, niemals aufgebend sein Territorium behauptete. Man rief ihn zur Kriegsfahnenweihe wie auch zu Beginn aller Feldzüge an. Mehrere hundert alte Volkslieder, Gebetstexte und magische Beschwörungsformeln bezeugen seine einstige Zentralstellung innerhalb der altlettischen Religion.

Unsere Reise führt weiter – mitten hinein ins antike Germanien. Die Germanen mochten sich auf keinen mysteriösen Wunderglauben einlassen und verehrten deshalb nur konkret erfahrbare oder wenigstens hörbare Naturkräfte wie Donner, Sonne, Feuer und andere handfeste Gewalten.

Wir wissen, daß Things, die regelmäßig abgehaltenen Volks- und Gerichtsversammlungen, bei zunehmender Sichel oder Vollmond abgehalten wurden, denn man glaubte, in der anwachsenden Phase am ehesten auf positive Wendungen hoffen zu dürfen. Diese durchaus nicht nur in Deutschland verbreitete Vorstellung hielt sich bis in das tiefe Mittelalter hinein. Auch dann wartete man erst einmal das Erscheinen des Neulichtes ab, ehe Hochzeiten gefeiert oder Grundsteine für neue Bauten gelegt wurden.

Ebenso achteten die Menschen das Gebot, niemals bei abnehmendem Mond oder vor Neumond zu kämpfen, eine Regel, die den alten Germanen jedoch nicht immer Glück brachte.

Im Jahre 58 v. Chr. versuchte Heerführer Ariovist, aus solchem Grunde eine fällige Entscheidungsschlacht gegen die Römer hinauszuschieben. Cäsar, dem das zögernde Verhalten seines Gegners äußerst merkwürdig vorkam, horchte einige Kriegsgefangene aus und erfuhr vom Aberglauben der Nordländer, daß es ihnen nicht beschieden sei, vor Neumond zu gewinnen. Für diese Einstellung hatte Cäsar größtes Verständnis, plante er seine Unternehmungen doch selbst nach dem Mondstand. Da ihm und seinen Landsleuten aber nun die Zeit nach Vollmond für Zerstörungs- und Abbauarbeiten als besonders günstig galt, ließ er hurtig zum Angriff blasen und siegte mit Glanz und Gloria.

Diese Geschichte ist kein Einzelfall. Es gibt viele historische Berichte, nach denen Schlachten und Feldzüge nachweislich verschoben wurden, weil der Mond den erforderlichen Stand noch nicht erlangt hatte.

Bis zum heutigen Tage hat sich die alte heidnische Sitte, Feste in der Vollmondzeit zu feiern, erhalten.

Ostern fällt jedes Jahr auf ein anderes Datum, nämlich auf den ersten Vollmond nach der Frühlings-Tagundnachtgleiche, die bei uns eher unter dem Namen »Frühlingsanfang« bekannt ist. Praktischerweise werden die Feiertage dann jedoch auf das darauffolgende Wochenende verschoben. Schon die heidnischen Germanen feierten ihr Osterfest. Lange vor der Entstehung des Christentums huldigten sie in einer tiefreligiösen Frühlingsfeier den Mysterien der Erdgeburt. Man empfand die Zeit, in der sich der Boden öffnet, um neues Leben freizugeben, in der das allgemeine Blühen und Wachsen zart beginnt, als eine Art Auferstehung und brachte Freude, Ehrfurcht und Dankbarkeit durch verschiedenste Kulte und Riten zum Ausdruck. So war die Frühlingszeit der »Großen Mutter«, der Erde, geweiht, welche die Menschen im Norden als »Nerthus« und im Süden als »Hertha« anriefen. Ihre symbolischen Darstellungen wurden in heiligen Hainen aufbewahrt. Tacitus berichtete 98 n. Chr. im 40. Kapitel seiner berühmten »Germania« über einen germanischen Frühlingskult, der zu diesem Zeitpunkt bereits als uralt galt und nur noch symbolisch praktiziert wurde: Auf einer Insel befindet sich ein heiliger Hain, in dem ein geweihtes Gefährt mit einem Tuch verhüllt ist. Nur ein einziger Priester darf es berühren. Er erkennt, wenn die Göttin in dem Heiligtum anwesend ist, und geleitet sie mit großer Verehrung auf einen Wagen, der von Kühen gezogen wird. Nun finden Feste an allen Orten statt, die die Göttin ihres Besuches und Aufenthaltes würdigt. Die Menschen beginnen zu dieser Zeit keinen Krieg und streben nur nach Ruhe und Frieden, bis die Göttin, des Umgangs mit den Sterblichen müde, von dem Priester in ihr Heiligtum zurückgeleitet wird. Dann werden der Wagen, das Tuch und auch die Göttin selbst in einem See gewaschen. Den Dienst verrichten dabei Sklaven, die anschließend der See verschlingt. Daher walten himmlischer Schrecken und ein heiliges Dunkel über einem Wesen, das nur Todesopfer schauen dürfen...

Tatsächlich nimmt man heute an, daß zu jener Zeit Hochzeiten nebst allen nachfolgenden Vergnügungen ausschließlich dann stattfanden, wenn Nerthus oder Hertha im Lichte des Frühlingsvollmondes anwesend waren. »Echte, wohlgeborene Germanen« kamen deshalb stets im Dezember zur Welt.

Viel jünger ist die altdeutsche Erzählung vom Schiffer, dem es trotz aller Bemühungen nicht gelingen wollte, Kap Horn zu umschiffen. Schließlich verfluchte er sich selbst mit den Worten »Verdammi, wenn ick nich baben Kap Horn kam, so will ick to'n ewigen Dag in 'e Maand sitzen.« Das Schiff ging unter, der Schiffer kam in den »Maand«. Und noch heute zeigen manch alte Seebären bei Vollmond schmunzelnd nach oben und sagen: »Da sitzt der Schiffer, der nicht um Kap Horn kam.«

## Diana, die emanzipierte Jägerin

Das alte Italien hatte seine eigene Form der Mondverehrung; es deutet einiges darauf hin, daß in der Gestalt der Diana, die wir aus der römischen Mythologie kennen, ursprünglich eine Mondgöttin angebetet wurde.

Ganz in der Nähe Roms, zu Füßen der kleinen Stadt Nemi, liegt – umrahmt von grünen Hängen und Weinbergen – der Nemisee. Seine Wasseroberfläche ist in den ganz frühen Morgenstunden so still und glatt, daß man die Mondin hier in zweifacher Ausführung, oben am Himmel und unten im See, bewundern kann, weshalb dieser vor Zeiten den Namen »Spiegel der Diana« trug. An seinen Ufern soll einst das sagenumwobene und vielbesuchte Heiligtum der römischen Diana Lucina gestanden haben.

Wie jeder Gottesglaube irgendwann feste Vorstellungsformen in der menschlichen Phantasie annimmt, dachte man sich Diana als starke, emanzipierte Persönlichkeit, als Frauengöttin, die mit dem angeblich noch stärkeren Geschlecht nicht allzuviel im Sinne hatte. Sie wurde als Schutzherrin von Geburt und Fruchtbarkeit verehrt, galt als Freundin der Wälder und der wilden Tiere und als beharrliche Verfolgerin böser Männer.

Ein Mythos erzählt, sie sei, als sie sich nackt im Wasser tummelte, von einem heimlichen Verehrer, dem Prinzen Aktäon beobachtet worden, der sich jedoch durch das Rascheln eines Blattes verriet. Die Göttin, empört und zornig zugleich, verwandelte den jungen Mann daraufhin in einen Hirsch, der nun seiner neuen Natur gemäß die Flucht ergriff und später von den Hunden seines eigenen Vaters zerrissen wurde.

Künstler stellten Diana oft in Begleitung eines Hirsches dar – man glaubte, diese Tiergattung sei ihr besonders lieb und teuer. Die großen, halbrunden Geweihe der Hirsche aber erinnern an die »Hörner« der frühesten Darstellungen von Mondkulten.

Die römischen Frauen liebten ihre »Lucina«, deren Name übersetzt soviel wie »kleines Licht« bedeutet. Diese Göttin, so stolz, so frei und so ungebändigt, mag für viele ein geheimes Vorbild, ja vielleicht sogar ein Idol gewesen sein. An ihrem Feiertag, dem 15. August, zog alle weibliche Welt scharenweise mit geschmückten offenen Haaren und brennenden Fackeln in den Händen gen Nemi, um alte Gelübde zu erfüllen oder für erwiesene Wohltaten zu danken. Während in den Abendstunden unzählige kleine Lichter längs der Seeufer flackerten, fand man sich zusammen, aß gebratenes Ziegenfleisch, genoß frischgebackene, kleine mondrunde Kuchen, die traditionsgemäß heiß-dampfend auf grünen Blättern serviert wurden, und trank köstlichen Wein. Den Sklaven wurde jegliche Arbeit erlassen, das Jagen der Tiere war verboten. Selbst die heimischen Jagdhunde wieselten frei umher, ebenfalls festlich bekränzt, zählten sie doch zu den »Wappentieren« der Göttin, von der es hieß, daß sie nie ohne Begleitung ihrer Hunde durch die Wälder zu streifen pflegte.

Viele Bräuche des Dianakultes sind in das Christentum übernommen worden. So war es üblich, kleine Terrakotta-Lämpchen zu stiften, ähnlich der heutigen katholischen Sitte, den Heiligen geweihte Kerzen anzuzünden. Man vermutet, daß auch in Lucinas Tempeln – gleich dem katholischen Allerheiligsten – ein ewiges Feuer brannte, dessen Flamme hier allerdings von Jungfrauen jeden Tag wie jede Nacht bewacht worden sein soll.

Jene mittlerweile längst vergessene Kultstätte bei Nemi wurde in ihrer Blütezeit als heiliger Wallfahrtsort geachtet. Die Quelle, die heute noch den kleinen See an der Via Appia Antica speist, galt – ähnlich der Quelle in Lourdes – als außergewöhnlich heilkräftig. Viele kamen, um Beistand und Gesundheit zu erbitten; und wie überall auf der Welt, wo Menschen in unbeirrbarem Glauben Hilfe und Heilung erwarten, wird es auch hier Gebetserhörungen gegeben haben. Zum Dank stiftete man Nachbildungen der gesundeten Körperteile, ein Brauch, der, wie unzählige Ausgrabungsfunde beweisen, in anderen Gegenden Europas gleichfalls praktiziert wurde.

Obwohl Diana als Frauen-Mondgöttin verehrt wurde, obgleich man erzählte, sie sähe sich am liebsten nur in weiblicher Gesellschaft, weiß die Überlieferung auch von männlichen Priestern. Gelang es einem Anwärter, den derzeitig amtierenden Nemus-Hain-Diener in einem Zweikampf zu töten, so wurde er zum offiziellen Nachfolger gekürt. Hier lösten sich vermutlich überwiegend entlaufene Sklaven ab, die im Priestertum eine Chance sahen, wenigstens für kurze Zeit in den Genuß von Freiheit und Anerkennung zu kommen.

Heute ist es still geworden am Nemisee. Es gibt keine flackernden Lichter, keine rauschenden Feste und keine spektakulären Wunderheilungen mehr. Die alten Tempelreste träumen, von Erde bedeckt, vor sich hin, denn es fehlt an Geld für archäologische Ausgrabungsarbeiten. Die einstmals wundertätige Quelle ist mittlerweile zur Wasserleitung umfunktioniert worden; es ist nicht mehr möglich, sie zu besichtigen. Heute kann man sich kaum mehr vorstellen, daß dies ein heiliger Ort und letzte Hoffnung für so viele Menschen war; kümmerliche Reste bezeugen eine ruhmvolle Vergangenheit und zugleich die Vergänglichkeit jedes Menschenwerks.

Ein altes, von Wind und Wetter verwittertes Schild ist noch geblieben: »Via del Tempio di Diana«, Straße zum Tempel der Diana. Doch es ist mehr ein Pfad als eine Straße, und er führt heute ins Leere.

Wie ging die Geschichte um Diana weiter?

Allmählich wurde die Starke, die Freie, die Ungebändigte nebst ihren Anhängerinnen mehr und mehr mit dunklen Mächten wie mit mysteriösem Mondscheinzauber in Verbindung gebracht, was ihr Ansehen zwangsläufig schmälern mußte. Horaz, ein römischer Dichter, der im letzten Jahrhundert vor Christus lebte und dessen literarische Texte großen Einfluß auf die abendländische Geistesgeschichte hatten, schilderte in seinem Werk »Sermones« die nächtlichen Machenschaften einiger Lucina-Frauen:

Auf einem der sieben Hügel Roms erwartet die Hexe Candida drei Genossinnen, um mit vereinten Zauberkräften ihren untreu gewordenen Geliebten zurückzuerobern. Man kocht zunächst ein Getränk aus wilden Grabfeigen, dem man Krötenblut nebst Knochen und Federn eines geopferten Käuzchens zufügt. Mit dem schauerlichen Gebräu in den Händen rufen die Freundinnen in allen Tönen die Geister der Diana an, beschwören sie und den Mond, ihnen beizustehen – ohne Erfolg. Die Konkurrentin scheint offensichtlich über stärkere magische Fähigkeiten zu verfügen, weshalb Candida sich gezwungen sieht, zu drastischeren Mitteln zu greifen. Sie raubt ein Kind, aus dessen Blut und Knochenmark nun ein neuer Trank gebraut wird...

In alten Büchern lassen sich etliche solcher und anderer Greuelgeschichten nachlesen. Inwieweit Wahrheit oder einfach Grusellust dahinterstehen mögen, wird man heute kaum noch beurteilen können.

Später wurde der Dianakult unter dem Einfluß des Christentums verdrängt. Auf ihren großen Augustfeiertag legte man das Fest Mariä Himmelfahrt. Ihr Lieblingstier, der edle Hirsch, hatte keinerlei kultische Bedeutung mehr; er nahm im Lauf der Zeit Bocksgestalt an. Im Mittelalter sprach man schließlich nur noch von bösen Hexen, die auf fliegenden Böcken mit wehenden Haaren durch die Lüfte jagten, um ihrer schrecklichen Oberherrin, der wilden Nachtgöttin, willig zu dienen. Und trotzdem: In manchen Gegenden ist heute immer noch der sogenannte »Hirztag« bekannt, den die Bevölkerung mit »hirzen«, das heißt zechen, in Verbindung bringt. An Diana Lucina denkt dabei niemand mehr.

## Kybele, die Große Mutter

Die Göttin Kybele, von vielen Anhängern auch als »Große Mutter« angerufen, nahm gleichfalls einen wichtigen Stellenwert in der römischen Mythologie ein; sie wurde zuweilen mit Isis, Demeter und verschiedenen anderen Göttinnen gleichgesetzt und ebenso wie diese auch mit dem Mond und den entsprechenden Kulten in Zusammenhang gebracht.

Ursprünglich aus Kleinasien stammend – man bezeichnet sie auch als römisches Pendant zur ägyptischen Isis und griechischen Demeter –, breitete sich ihr Kult über Athen nach Rom aus, wo er 204 v. Chr. offiziell anerkannt wurde und sich immerhin bis in das 4. Jahrhundert unserer Zeitrechnung hinein hielt. Um die Sitten und Bräuche dieses Kultes verstehen zu können, muß man die Vorgeschichte, den Mythos der Magna Mater kennen, von dem es mehrere Versionen gibt.

Eine davon erzählt: Zeus versucht, die Göttin im Schlaf zu vergewaltigen, und ergießt dabei, da sie sich heftig wehrt, seinen Samen auf die Erde. Dennoch wird Kybele schwanger und gebiert Agdistis, der sich jedoch zu keinem Menschen, sondern zu einem zwitterhaften Ungeheuer entwickelt. Man beschließt, ihn zu töten. Gott Dionysos unterstützt die Aktion, indem er das Glied des zuvor Betäubten eigenhändig an einen Baum bindet. Als das Untier, wieder erwacht, aufspringt, entmannt es sich selbst. Aus seinem Blut aber wächst ein Baum, dessen Früchte die Tochter des Flußgottes Sangarios schwängern. So wird Attis geboren, den

Kybele, seine Großmutter, etliche Jahre später zum Geliebten nimmt. Als der junge Mann ihr jedoch untreu wird, straft sie ihn zornentbrannt mit Wahnsinn. In der Umnachtung eines Anfalles entmannt Attis sich selbst und verblutet schließlich unter einer Pinie...

Die Volksseele nahm regen Anteil an diesen göttlichen Schicksalen. Das römische Fest der Magna Mater währte vom 15. bis zum 27. März, wobei man zunächst des Todes von Attis gedachte, indem sein Bild in einer prunkvollen Prozession zum Almo-Bach getragen und feierlich gewaschen wurde. Es folgte das Fest der Schilfträger, die erzählten, Attis sei als Sechsjähriger im Röhricht eines Flusses ausgesetzt worden, sowie das Fest der Baumträger, welche, pünktlich zur Frühlings-Tagundnachtgleiche, zu seinem Gedenken eine besonders gut gewachsene Pinie zu fällen pflegten.

Der 24. März aber, der »dies sanguinis«, galt der Ehrung des Kybele-Schmerzes, galt der Anteilnahme an ihrem Kummer über den Verlust des Enkelgeliebten. Die speziell zu diesem Tag organisierten Festzüge wurden von Galloi-Priestern geführt und begleitet. Wir dürfen sie uns in langen festlichen Gewändern, mit offenen Haaren, tanzend, singend, enthusiastisch auf Tamburine und Zimbeln schlagend, vorstellen. Musik erfüllte die Luft. Immer vibrierender und lustvoller, immer leidenschaftlicher wurden Tänze und Gesänge. Einige Galloi geißelten sich selbst, andere fügten sich kleine Dolchstiche zu, um die Flammen aufsteigender Ekstase zu nähren, um jenen leicht fiebrigen Zustand zu erlangen, von dem es hieß, nur dieser erst mache wahre Weissagung und wirksame Zukunftsschau wirklich möglich.

Doch galten Prophetie und Magie nicht als Höhepunkt des Tages. Hatten die orgiastischen Gefühle ihren Siedepunkt erreicht, so waren alle Grenzen zwischen Lust und Schmerz verwischt, und es traten – mit geweihten Steinmessern ausgerüstet – die Priesteramtsanwärter in Aktion. Volltrunken vom Rausch der Euphorie, beseelt von dem Wunsch, Attis nachzuahmen oder aber der Göttin möglichst ähnlich zu sein, entmannten sie sich selbst. Ihr Tun wurde vom Schreien und Toben der Menge begleitet, wobei es nicht selten vorkam, daß sich auch Männer aus dem Volk eigenhändig kastrierten. Mit blutigen Genitalien in den Händen hasteten die Gläubigen nun durch die Gassen, um sie schließlich in ein Haus zu werfen, aus dem ihnen neue Frauengewänder gereicht wurden. Und während man abschließend sowohl die abgetrennten Körperteile als auch die befleckten Kleider in das Brautgemach der Kybele legte, wurden die neuen Priester geehrt, gesalbt und sicherlich auch medizinisch versorgt.

In späteren Jahren fanden Riten dieser Art immer seltener statt. Letztlich ließ man es bei einer harmlosen Selbstverwundung bewenden.

Keine Religion, kein Glaube wird sich auf Dauer in Menschenherzen halten können, wenn deren Anhänger nicht, zumindest gelegentlich, Hilfe und »Erfolgserlebnisse« erfahren. Daß auch die Nachfolger vorchristlicher Religionen ebenfalls ihre »Wunder« erlebten, die sie bestärkten, den vertrauten Götteridealen treu zu bleiben, zeigt folgende wahre Begebenheit:

Es geschah im Jahre 205 v. Chr.: Hannibal und seine Truppen standen vor den Toren Roms und hielten die Stadt hartnäckig belagert, unter deren Bevölkerung sich zunehmende Unsicherheit und Angst ausbreitete. Welche der vielen Gottheiten mochte für diese Krisensituation zuständig sein? Kurze Zeit zuvor hatte die Obrigkeit großzügig etliche Götter der frisch eroberten Untertanen in den römischen Olymp aufgenommen. Waren diese »Neuen« dem römischen Volk auch wirklich wohlgesonnen? Der römische Senat ließ verlauten, Hannibals Abzug sei durch die sibyllinischen Bücher prophezeit, wenn es nur gelänge, Mutter Kybele nach Rom zu schaffen. Zu jener Zeit wurde die Göttin in einem großen schwarzen Stein verehrt, der sich in Phrygien, der heutigen Türkei, befand.

Tatsächlich gelang es, das Denkmal in den Hafen Ostias und weiter den Tiber hinauf zu schiffen, dessen Ufer von einer sicher nicht unansehnlichen Anhängerinnenschar gesäumt wurde. Doch das Schiff blieb im Schlamm stecken. Und was taten die Frauen? Mit vereinten Kräften zogen sie das schwere Gefährt an Stricken in die Stadt, um ihre Kybele gemeinsam in den heiligen Siegestempel zu tragen. Hannibal aber brach seine Zelte ab und kehrte Rom – zumindest vorläufig – den Rücken ...

Noch lange Zeit erinnerten die »Megalesien«, das Fest der großen Göttin, an jenen glorreichen Apriltag.

Es erscheint verständlich, daß dem an Einfluß und Macht gewinnenden Christentum Großmütter, die sich in ihre Enkelsöhne verliebten und blutige Eifersuchtsdramen hervorriefen, nicht angenehm sein konnten. Aber verschwand der Kybelekult selbst auch in der Versenkung, so finden wir heute doch noch einige seiner Bräuche in katholischen Gottesdienstritualen wieder. So ist die alte Sitte, während der Eucharistiefeier mit Glöckchen zu läuten, einer uralten Zeremonie der Magna Mater entliehen; ebenso auffallend ähnelt die Mitra, Kopfbedeckung katholischer und orthodoxer Bischöfe und Äbte, der ursprünglichen Kybelekrone. Parallelen lassen sich auch in den femininen Gewändern der Priester und ihrem gottgeweihten zölibatären Leben finden; weitere Zusammenhänge werden uns in späteren Kapiteln ausführlicher begegnen.

## Artemis, die ewige Jungfrau

Was den Römern Diana, war den Griechen Artemis. Als ursprüngliche Hochgöttin der Amazonen, die sie unter dem Namen »Artemis Alpheia« verehrten, galt sie zunächst gar nicht einmal als ausgesprochene Göttin des Mondes, sondern wurde eher der Jagd, der Wildheit und der Unbezähmbarkeit zugeordnet. Artemis, die ewige Jungfrau: Von ihr hieß es später, sie stehe als »Artemis Eileithya« auch allen gebärenden Frauen bei und sei außerehelichen Mutterschaften ebenso wohlgesonnen, was ihr, durch die Symbolik des Gebärens, Mondcharakter verlieh und sie zur typischen Jagd-Mondgöttin werden ließ.

In Griechenland erzählte man sich, ihre liebste Beschäftigung sei es, in hellen Nächten Berge und Wälder jagend zu durchstreifen, und man schmückte sie mit so phantasievollen Beinamen wie »Nachtschwärmende Göttin«, »Hirschjägerin mit Fackeln in beiden Händen«, »Lichtträgerin« oder »Wegweisende«. Gerade mit dieser letzten Bezeichnung hat es eine besondere Bewandtnis, denn in etlichen Gründungssagen antiker Städte heißt es, ihre Lage sei dereinst auf einen freundlichen Fingerzeig der Göttin hin festgelegt worden. So waren die Gründer der lakonischen Stadt Boiai überzeugt, Artemis selbst sei ihnen in Gestalt eines Hasen vorangelaufen, um die günstigste Position für die Siedlung anzuzeigen, und anschließend für immer in einem Myrtenbaum verschwunden...

In anderen Landesteilen wurde die »Lichtträgerin« mit einer starken Bärin identifiziert. Junge Athenerinnen pflegten ihr zu Ehren als Bärinnen verkleidet zu tanzen. In etlichen Museen lassen sich wunderschöne Vasenmalereien finden, die geschmeidige Tempeltänzerinnen mit Tiermasken darstellen.

Artemis – Göttin in Bärengestalt: Ob sie wohl identisch sein mag mit jener kretischen »Jungfrau Maria von den Bären«, zu deren Gedenken noch heute in der Höhle von Acrotiri, nahe dem ehemaligen Kydonia, an jedem 2. Februar des Jahres ein Fest gefeiert wird? Es wurden ihr auch regelmäßig Phallus-Nachbildungen, Tiere und Früchte geopfert, und in Athen war es üblich, zu ihrem Ruhme »Selenai«, gelbe, runde Mondkuchen zu backen; der Kult schien gelegentlich auch Menschenopfer verlangt zu haben. Sophokles beschreibt, wie Iphigenie, das schönste Mädchen des Landes, der Göttin »geschenkt« werden sollte, was Artemis selbst jedoch im letzten Moment zu verhindern wußte. Es ist bekannt, daß einer ihrer Athener Tempel auf dem Platz stand, wo man die Leichen der Hingerichteten abzulegen pflegte, und daß sie mit alljährlich pompösen Staatsopfern geehrt wurde, um für den Sieg über die Perser, 490 v. Chr. bei Marathon, zu danken.

Ihr größtes Heiligtum aber stand nicht in Griechenland, sondern in Ephesus, einem griechischen Stadtstaat in Kleinasien. Ephesus konnte sich nicht nur als eines der wichtigsten Handelszentren des Altertums, sondern gleichfalls als ein Zentrum der griechischen Kultur rühmen. Schon immer soll es hier, wo heute der Menderes in das Ägäische Meer fließt, viele Diana- und Artemistempel gegeben haben, die allesamt vom Zahn der Zeit, durch Kriege oder Brände zerstört wurden.

Der letzte bekannte Artemis-Tempel dürfte jedoch lange seinesgleichen gesucht haben. Wenn wir den alten Geschichtsschreibern glauben mögen, betrug seine Länge stolze 130 Meter, seine Breite 65 Meter, unterteilt von 127 Marmorsäulen, in die wertvolle Edelsteine eingelegt waren. Die inneren Hallen wurden von den Werken der besten und berühmtesten Künstler jener Zeit geschmückt. Es heißt, keiner der Großen habe je eine Bezahlung angenommen, denn es galt als höchste Ehre und Auszeichnung, eigene Schöpfungen in dieser bedeutsamen, durch unendlich vieler Hände Arbeit entstandenen Stätte wiederzufinden. Tatsächlich soll die gesamte Bauzeit rund 220 Jahre in Anspruch genommen haben und etliche Male unterbrochen worden sein, weil es an Geld fehlte. Aber man ließ sich nicht entmutigen. Trafen einmal Materialspenden der benachbarten Regenten ein, wie etwa die Säulen, von denen Plinius berichtet, jede von ihnen sei ein Königsgeschenk gewesen, so stifteten unzählige Artemis-Anhängerinnen ein anderes Mal ihren Schmuck zum Einschmelzen, um die Arbeiten voranzutreiben. Auch Alexander der Große stellte eine großzügige finanzielle Unterstützung in Aussicht, allerdings verknüpft mit der Bedingung, sein Name möge als Inschrift den Tempel zieren. Die Griechen verzichteten.

Ist es nicht schade, daß uns diese Werke für immer verlorengegangen sind? So wurde der Artemis-Tempel, der übrigens zu den sieben Weltwundern der Antike zählte, erstmals von Kaiser Nero ausgiebig geplündert. Später, ca. 260 nach Christi Geburt, setzten ihm die Goten noch einmal zu, und im Jahre 381 wurden auch die letzten Überbleibsel von Kaiser Theodosius' Truppen dem Erdboden gleichgemacht. Artemis' Name und Ruhm verschwanden mit der Größe ihrer prachtvollen Bauten – heißt es doch nicht umsonst: »aus den Augen, aus dem Sinn«.

Ephesus erhielt neue Kirchen – sicher nicht mehr ganz so imponierend wie jener alte Tempel, dafür aber gewiß um so eindringlicher und ehrfurchtgebietender durch die Lehre, die nun in den neuen Mauern verbreitet wurde. Und nur ein halbes Jahrhundert später riefen hier, im Jahre 431, katholische Konzilsväter die keusch-demütige Maria zur Gottesmutter aus.

## Hekate, die Ehrfurchtgebietende

»Komm, du teuflische, irdische, himmlische Bombo,
Göttin der Wegkreuzungen, Königin der Nacht,
Feindin der Sonne und Gefährtin der Dunkelheit;
du, die du gern das Anschlagen der Hunde hörst und das Fließen von Blut siehst;

du, die du zwischen den Gräbern wandelst in den Stunden der Dunkelheit, dürstend nach Blut und den Schrecken der sterblichen Menschen;
Gongo, Mormo, du Mondgestalt mit tausend Formen;
blicke gnädig auf mein Opfer.«

So heißt es in einem uralten magischen Gesang, der an Hekate gerichtet ist. Hekate schien den Menschen ihrer Zeit als Göttin der Unterwelt, als Meisterin der Zauberei und Königin aller Hexen und durch ihr intensives Nachtleben eng mit dem schwarzen Himmel verbündet zu sein. Man raunte, sie schenke ihren Lieblingen große Visionen und eindrucksvolle Träume, Widersacher aber strafe sie mit Mondsüchtigkeit, Epilepsie oder Wahnsinn. Auch ihr zu Ehren wurde getanzt und geopfert, und noch im Mittelalter glaubte man, daß Hekate höchstpersönlich – ähnlich Diana –, von einer johlenden, juchzenden Hexenhorde eskortiert, durch die Lüfte wirbelte.

Apropos Diana: Hekates Ehrentag fiel gleichfalls auf den 15. August – ein nächtliches Mondfest, bei dem Volksmassen um Segen und Schutz für die nahende Ernte baten.

Doch während die römische Göttin Hirsche liebte, waren der griechischen Hunde heilig, welche im Rahmen besonderer Rituale geschlachtet wurden. Und konnte man sie nicht gelegentlich, in eine Hündin verwandelt, rastlos über die Friedhöfe streifen sehen? Schien nicht mitunter ein kaum wahrnehmbarer, nebelhafter Geistkörper über dem Blut ihrer Opfer zu schweben? Als dankende Antwort mag Hekate all jenen, die sich mittels einer lederberiemten, saphirbesetzten Goldkugel im Pendeln übten, einen Blick in die Zukunft gewährt haben.

Wer, so gaben die alten Hexen an ihre neuen Schwestern weiter, mit der Herrin der Finsternis in Verbindung treten wolle, müsse des Nachts eine möglichst hochbetagte Weide anbeten, denn hier lasse sie sich am ehesten finden. In Griechenland galten Weidenbäume als heilig. Tatsächlich ist erwiesen, daß ihre Heilkräfte nicht unbedeutend sind. Die junge Schale im Frühling ausgetriebener Zweige kann gegen Erkältungen, Fieber, Kopfschmerzen und rheumatische Beschwerden helfen, wenn man sie schnell sammelt und trocknen läßt. Zudem gewannen unsere

Vorfahren aus Blättern und Rinde Salicylsäure, die man als Mittel gegen Hexenschuß anwandte, eine Beschwerde, unter der gewiß recht viele nachtschwärmende Damen jener Zeit gelitten haben mögen.

Hekate, Freundin des abnehmenden Mondes...

Manche Darstellungen zeigen sie auch vereint mit Artemis und Selene als Trinität von Mädchen, Mutter und alter Frau. In wieder anderen Versionen heißt es, Artemis sei im zunehmenden, Hekate im abnehmenden und Selene im vollen Mond zu verehren.

Es wird deutlich, wie sehr alle Gestalten miteinander verwandt und verwoben sind, letztlich aber gemeinsam aus der Grundidee der einen allgegenwärtigen, alles nährenden Urquelle fließen. Der Vergleich mit einem breiten Strom menschlichen Vorstellungsvermögens liegt nahe, der, vielleicht nur aus der elementaren Sehnsucht nach einer gerechten Steuerung von oben entstanden, sich allmählich in viele kleine Flußläufe verzweigt, wobei jede Vorstellung auf eine andere Art von den jeweiligen gesellschaftlichen Bedürfnissen und Merkmalen der Zeit geprägt wurde.

Dennoch wird es kaum mehr möglich sein, die Ursprünge, Abstammungslinien und sonstigen Verbindungen aller Götter und Göttinnen nachzuvollziehen. Zu viele Einflüsse und Entwicklungen sind hier im Laufe der Zeit wirksam geworden.

## Selene, die Mondmilde

Die schöne Selene, Dritte im Bunde der großen griechischen Göttinnen, läßt sich, in leuchtende Gewänder gehüllt, zart flügelschlagend über den nächtlichen Himmel gleiten, und wenn sie ihren makellosen Körper in die Wellen des Ozeans taucht, schmerzt das Herz des Hirtengottes Pan vor Verlangen und Liebe zu ihr. Aber so sehr er Selene auch umwirbt, kann sein Begehren doch niemals gestillt werden, denn die Liebe der Göttin gehört allein Endymion, einem ihr in Schönheit und Anmut ebenbürtigen Jüngling. Ihm, so heißt es, räumten die mächtigen Götter einst ein, die eigene Todesart selbst erwählen zu dürfen, worauf er sich für den ewigen Schlaf entschied, damit sein Körper für alle Zeiten erhalten bleibe. Und so ruht Endymion bis heute unversehrt in einer verborgenen Grotte; Selene aber steigt allnächtlich aus den Wolken, um sich an seinem Anblick zu trösten und ihn mit ihren Blicken zu liebkosen.

In einer anderen Version heißt es, die große Liebe der beiden sei durch fünfzig gemeinsame Kinder gekrönt worden. Manche Mythologen neigen zu der Annahme, die fünfzig Vollmonde der vier Jahre, die jeweils zwischen den Olympischen Spielen lagen, seien möglicherweise mit diesem alten Mythos in Verbindung zu bringen. Immerhin lassen sich die Anfänge der Olympiade bis in das Jahr 776 vor Christi Geburt zurückverfolgen, eine Zeit, in der Selene durchaus eine wichtige Rolle im griechischen Geistesleben gespielt haben mag.

Auf jeden Fall schien man sie gern in allerlei irdische Liebesangelegenheiten miteinzubeziehen. In seinem etwa 300 v. Chr. entstandenen Werk »Pharmakeutriai« erzählte Theokrit von den eifrigen Bemühungen einer jungen Frau, mittels Selenes Unterstützung einen abtrünnigen Verehrer zurückzugewinnen.

Samaetha, so läßt sich nachlesen, sucht in Begleitung ihrer Dienerin Thestylis den nächtlichen Meeresstrand auf. Die Luft ist sanft. Die runde Mondin spiegelt sich groß und voll im stillen Wasser wider. Samaetha hebt das Gesicht und schüttet der Göttin vertrauensvoll ihr Herz aus, bekennt ihre heiße Sehnsucht zu dem blonden Delphis, schildert, wie sie ihn das erste Mal erblickte, sich spontan verliebte, beschreibt die gemeinsam erlebten intimen Stunden und klagt bitterlich, daß er sie schließlich doch wegen einer anderen verließ. Zur Stunde der Mitternacht zünden die Frauen ein Feuer an, neben dem die verlassene Braut ein verzaubertes Rad zu drehen beginnt. So wie das Rad rotiert, sollen auch Delphis' Gedanken nur noch um ihre Person zu kreisen imstande sein. Zusätzlich wirft Samaetha noch, als Symbol für Knochen und Gliedmaßen, eine Handvoll Mehl, ein Lorbeerblatt, ein Stückchen Mantelstoff und ein kleines Wachsbildnis in die knisternden Flammen. Und ebenso, wie Lorbeer und Mehl und Mantel brennen, sollen auch in Delphis' Brust die Flammen der Leidenschaft erneut hoch auflodern; und ebenso wie das geschmolzene Bildchen möge auch er weich werden und reumütig zurückkehren ...

Als die Glut langsam erlischt, schickt Samaetha die Dienerin zurück ins Haus, um die Türen mit einer magischen Salbe zu bestreichen. Sie bleibt allein am Strand zurück und sucht noch lange Stunden, Delphis' Unterbewußtsein zu beeinflussen.

Das Ritual des Puppenschmelzens ist alt.

Bereits um 1100 v. Chr., so wird auf einem ägyptischen Papyrus überliefert, soll es gegen Pharao Ramses III. eine Haremsverschwörung gegeben haben, in deren Verlauf zahlreiche Frauen gemeinsam eine ihn darstellende Wachspuppe schmelzen ließen, um sein vorzeitiges Ableben magisch herbeizubeschwören. Riten dieser Art wurden im klassisch-europäischen Hexentum ebenso wie in Afrika und auf Haiti ausgeübt, wo sie heute noch als Teil des Voodoo-Kultes praktiziert werden. Sogar manche der dort lebenden Ärzte, Anthropologen und Missionare sind überzeugt, Bildzauber könne durchaus wirksam sein, wenn der Betroffene davon weiß und an seine Macht glaubt.

Wie Hekate machte man auch Selene, in ihrer Eigenschaft als Mondgöttin, für die Epilepsie verantwortlich; überhaupt tauchen Hinweise auf Zusammenhänge zwischen Mondphasen und Fallsucht in allen Kulturen und zu allen Zeiten auf. Interessanterweise ergaben jüngere Studien in Rußland und den USA, daß Beziehungen dieser Art tatsächlich eine wissenschaftliche Grundlage zu haben scheinen, da um die Neu- und Vollmondzeit eine vermehrte Anfallhäufigkeit nachgewiesen ist. Wußten die Alten von geheimnisvollen Mensch-Kosmos-Verbindungen, von unsichtbaren Verknüpfungen, die wir jetzt erst wieder zu erahnen beginnen?

Das Quantum an griechischen Mondgottheiten ist mit dem hier vorgestellten Artemis-Hekate-Selene-Gespann bei weitem noch nicht erschöpft. Schon die minoische Kultur im 3. und 2. Jahrtausend v. Chr., die erst durch Heinrich Schliemann wiederentdeckt wurde und deren Ausgrabungsfunde ein bemerkenswert hohes Kulturniveau bezeugen, kannte eine Mondgöttin namens Pasiphae, was zu deutsch soviel wie »Sie, die allen leuchtet« heißt. Athene, nicht nur Schutzherrin der griechischen Hauptstadt, sondern auch Patronin des Ackerbaus, der Kunst und aller Wissenschaften, schmückte ihr persönliches Wappenschild mit dem Vollmond. Von den Dorern weiß man, daß sie sich nach ihrer Mondgöttin Doris benannten, so wie die Ionier behaupteten, direkte Abkömmlinge der Helena-Selene zu sein. Und daß, wie Plutarch berichtete, die berühmten delphischen Orakelsitzungen im Tempel des Apollon ausschließlich und nur bei »Nacht und Mond« abgehalten wurden, versteht sich eigentlich schon fast von selbst.

## Der Mond im Islam

Wer die Flaggen der islamischen Völker betrachtet, ahnt, daß der Mond auch hier eine beachtliche Rolle gespielt haben muß – die Banner von Mauretanien, Algerien, Niger, Türkei, Pakistan weisen unübersehbar sein Zeichen auf.

Wie vielen umherziehenden Nomadenstämmen und schwerbeladenen Handelskarawanen, die in der sengenden Tagesglut ruhten und sich erst bei eintretender Abenddämmerung erneut in Bewegung setzten, mochte das Nachtgestirn Begleiter und Wegweiser gewesen sein? In diesen Breitengraden galt es jedoch nicht als Muttersymbol, sondern als Sinnbild eines maskulinen, starken Vatergottes, der die Seinen zu großen Siegen führte. Verständlich also, daß man den Phasen des unsichtbaren Mondes mit größter Besorgnis entgegensah. Die Menschen deuteten jene lichtlosen Nächte als schlechtes Omen und wurden allmonatlich erneut von dem bangen Gefühl beschlichen, Gott könnte sie – vielleicht für immer – verlassen haben.

Oftmals scheint die Natur ihren bösen Ahnungen recht gegeben zu haben; nicht selten setzten besonders zur Neumondzeit Springfluten, Stürme und Gewitter ein, die häufig verheerende Verwüstungen anrichteten. Deshalb galten die drei Tage vor der vermeintlich kritischen Schwelle als offizielle Trauerzeit, die mit der Hoffnung verbunden war, den großen Vater milde zu stimmen und die immer schmaler werdende Sichel vielleicht doch am gänzlichen Verschwinden hindern zu können. Geschlechtsverkehr und andere Sinnenfreuden waren dann tabu. In einigen Gegenden wurde eine dreitägige Fastenzeit eingehalten; vom Abraham des Alten Testamentes, der vor seiner Bekehrung ein überzeugter Mondanbeter gewesen sein soll, läßt sich nachlesen, daß ihm Bräuche dieser Art durchaus vertraut waren.

So intensiv, wie man aber das Verschwinden des Nachtlichtes fürchtete, feierte man auch seine Wiederkehr, denn der Neumond hieß »hilil«, was zugleich auch Festjubel bedeutet.

Aus einem vor etwa 5000 Jahren verfaßten hemerdogischen Text, der in einer Bibliothek in Assar gefunden wurde, geht hervor, daß der 7., 14., 21. und 28. Tag eines jeden Monats als Ruhetag galt. Dabei handelte es sich nicht um »Sonntage«, sondern um die Schlußtage der jeweiligen Mondwochen, gerechnet ab jener Stunde, in der die junge Sichel erstmals gesichtet wurde. Strenge Gesetze verboten in diesen Tagen, über Feuer zubereitetes Fleisch oder gesäuertes Brot zu essen, Kleider zu wechseln, Opfer zu bringen. Priester durften nicht sprechen, Ärzte nicht praktizieren, Beschwörungen und magische Handlungen blieben bei Strafe untersagt, ja nicht einmal dem König wurde gestattet auszufahren, geschweige denn Amtshandlungen durchzuführen. Der Mond hatte Macht.

Und auch im Orient weisen einzelne, sehr alte Überlieferungen auf eine frühe Verehrung der Großen Mutter hin. So galt der berühmte schwarze Stein der Kaaba, des islamischen Hauptheiligtums in Mekka, der heute noch von Tausenden Pilgern aufgesucht und andächtig geküßt wird, ursprünglich einmal als das Symbol aller Weiblichkeit und Mütterlichkeit und war den drei Göttinnen Manat, Allat und Al-Uzza geweiht. Einige Religionsforscher behaupten, Mohammed selbst habe noch zu Beginn seines Wirkens versucht, diesen Göttinnen einen gebührenden Platz einzuräumen – offensichtlich erfolglos. So wurden Manat, Allat und Al-Uzza zu fügsamen Töchtern Allahs umfunktioniert.

Der schwarze Stein jedenfalls wird heute noch von Männern bewacht, die sich »Beni shayba«, »Söhne der alten Frau«, nennen.

Die arabischen Mondanhänger aber machten es anfangs weder den eroberungsfreudigen Mohammedanern noch den missionierungsbesessenen Christen leicht, sie zu bekehren. Am hartnäckigsten hielten die Bewohner Harrans, einer in der südöstlichen Türkei gelegenen Stadt, jeglichen Beeinflussungen stand. Hier wurden noch bis in das Jahr 830 unserer Zeitrechnung hinein alte lunare Kulte gepflegt. Die traditionellen, weit über die Grenzen hinaus bekannten Mondfeste sollen derart imposant und berauschend gewesen sein, daß selbst im Pomp und Prunk gewohnten

Rom davon gesprochen wurde. Schließlich kapitulierte man, sprach den dickköpfigen Harraniern das Recht auf freie Religionsausübung zu und ließ sie unter dem Namen der »Cabier« als eine im Koran sanktionierte Sekte gelten.

## Ischtar, die große Liebende

In der unmittelbaren Nachbarschaft, im Süden des Irak, stand – 3000 Jahre v. Chr. – die Kultur Babyloniens in voller Blüte.

Die Babylonier verehrten rund zwei Dutzend Haupt- und mehrere hundert Nebengötter und -göttinnen, wobei Mondgott Sin zu den erklärten Hauptgottheiten zählte. Man stellte sich ihn als betagten, gutmütigen Mann mit hohem Turban und wallendem Bart vor, der allabendlich gemächlich seine Mondsichelbarke besteigt, um darin behaglich über das Himmelsmeer zu schaukeln. »Der-dessen-tiefstes-Herz-keiner-durchdringen-kann« maß die Zeit, vertrieb das Böse und galt als schier unerschöpflicher Brunnen aller Träume und Prophezeiungen. Nach ihm wurde die im Alten Testament oft zitierte Wüste Sin wie auch der Berg Sinai benannt.

Euphrat und Tigris, Land der Sumerer und Babylonier: Wer die Hymnen und Gebete dieser längst versunkenen Kulturen liest, ahnt die Liebe und Innigkeit, mit der die Menschen an ihren Götteridolen hingen; und es verwundert immer wieder, wie sehr die alten Bitten und Lobpreisungen unseren heutigen Kirchenlitaneien ähneln. Folgende Hymne an den Mond wurde, eingemeißelt auf zerklüfteten Tempelresten, in der alten Stadt Ur entdeckt:

»(Er) schreitet vom Grund des Himmels bis zum Zenit herrlich einher... erschafft das Licht für die Welt... offenbart sich als Vater, barmherziger, gnädiger, dessen Hand das Leben des ganzen Landes hält... Vater, der alles erzeugt, der die lebenden Wesen ansieht und die Gebote ausspricht.«

Neben Sin wurde Ischtar, seine Tochter, als Göttin der Liebe und des Lichtes verehrt. Ischtar, die mit der alttestamentarischen Astarte bzw. Ashtoreth identisch ist, darf sich, wenn auch freilich unter verschiedensten Namen, die meistverehrte Göttin des Nahen Ostens rühmen.

Ischtar, Mutter der Liebe und Fruchtbarkeit, die Grüne und Taubringende, Schutzgöttin aller Quellen und Flüsse, Mutter, deren Geist vor jeder Aussaat und Ernte angerufen wurde – unschätzbar wertvolle Alabasterstatuen zeigen sie mit einer goldenen Sichel über dem Haupt, während Augen und Nabel mit leuchtendroten Rubinen eingelegt sind.

»Des Mondgottes mächtige Tochter« galt als jungfräulich; was jedoch nicht mit unserer kirchlich geforderten vorehelichen Unschuld verwechselt werden darf, sondern lediglich ihre Ungebundenheit wie auch die Existenz mehrerer Liebhaber ausdrückte. Ischtar, die große und freizügige Geliebte – nichts könnte ihren Charakter so treffend widerspiegeln wie ihr Mythos selbst. Er beinhaltet zugleich die älteste Überlieferung menschlicher Vorstellungen zum Thema Tod und Wiedergeburt, den Ruhe- und Wachstumsphasen der Erde:

Ischtar liebt Tammuz, der, von einem Wildschwein getötet, in die Unterwelt verbannt wird. Hier regiert die für ihre Strenge und Eifersucht bekannte Ereschkigal. Dennoch beschließt Ischtar, Aralu, das Reich der Toten, freiwillig aufzusuchen, um ihren Geliebten zu befreien. Weil die Geisterwelt aber durch sieben schwere Tore vom Land der Lebenden abgeschirmt wird, und kein Wesen bekleidet, mit weltlichen Statussymbolen bestückt, jemals dort eingehen darf, wird auch sie aufgefordert, sich aller Äußerlichkeiten zu entledigen. So nimmt die Göttin, vor dem ersten Tor angelangt, ihre stolze Krone ab. Den Wächtern des zweiten Portals überreicht sie das glitzernde Ohrgehänge. Vor der dritten Pforte gibt sie die Halskette her, an der vierten und fünften Passage Busenlatz und Gürtel. Der Einlaß durch die sechste Tür kostet sie Arm- und Fußschmuck. Schließlich trennt sie sich noch vom letzten, dem Lendentuch, um nackt den Kampf um den Geliebten anzutreten. Doch Ereschkigal mag weder Tammuz noch Ischtar freigeben. Die Zeit vergeht. Die Erde, ohne den segnenden Atem der Göttin wie ein verlorenes Kind zurückgeblieben, beginnt langsam zu verkümmern.

Nachdem die Göttin Ischtar hinuntergegangen war, fand auf der Erde keine Fortpflanzung mehr statt, weder bei den Tieren noch bei den Menschen, erzählt der Mythos weiter. Um die Existenz des Lebens besorgt, zwingt der Götterrat Ereschkigal schließlich, Ischtar nebst Geliebtem unbeschadet zu entlassen. Triumphierend tauchen beide, samt Kleidern und Schmuck, in der Oberwelt auf. Da setzen Wachsen und Blühen der Fauna wieder ein, Menschen und Tiere fahren weiter fort, sich lustvoll zu vermehren.

Dieser Mythos signalisiert: Die Liebe siegt, Sexualität ist gut, alles wird sich stets zum Besten entwickeln, wenn man nur tapfer um die Verwirklichung der eigenen Pläne kämpft. Was für ein wunderbares Vorbild muß eine Göttin sein, die auf äußerlichen Reichtum verzichtet, mutig unbekannte Wege einschlägt und ihre hohen Ziele trotz aller Fährnisse erreicht!

Ischtar war für die Babylonierinnen eine Leitfigur, selbst für die Huren: »Gleich einer Schlange, die aus dem Loch herauskommt und um welche die Vögel flattern, mögen sich um uns die Männer miteinander schlagen«, beteten die Dirnen der Hafenschenken und baten um gute Kundschaft, was nicht von schlechtem Gewissen oder moralischen Skrupeln zeugt – offensichtlich fühlten sich die Damen jenes Gewerbes des Einverständnisses ihrer Göttin völlig sicher.

Die Geschichte lehrt, daß moralische, besonders die Sexualität betreffende Empfindungen von Kultur zu Kultur anders ausfallen, nicht etwa angeboren, sondern den Menschen von Kindesbeinen her anerzogen werden. So etwa gab es in vielen Kulturen rund um den Globus das Phänomen des sanktionierten, sakralen Geschlechtsverkehrs. Die Entjungferung, als heiliger Akt im Hause der Göttin vollzogen, wurde in vielen Ländern, in Vorderasien, in Indien und in manchen Stämmen Afrikas als etwas ganz Selbstverständliches erlebt. Auch in Babylonien warteten die noch unberührten Mädchen in den Tempelvorhöfen Ischtars, bis ihnen ein Mann eine Münze mit den Worten »Zu Ehren der Göttin« in den Schoß warf, worauf die so Angesprochene sich erhob, um dem Fremden zum ersten Beischlaf zu folgen.

Dieses berühmte »erste Mal« sollte bewußt nicht dem Freund oder künftigen Ehemann gehören, sondern der Großen Mutter, von der es hieß, sie habe die junge Frau schließlich erst mit allen für ein lustvolles Leben erforderlichen Gaben ausgestattet. Mit jenem Akt hatte diese nun ihr persönliches Dankopfer dargebracht und war fortan zu Ehe und Mutterschaft berechtigt.

Eine andere Möglichkeit des Tempelbeischlafs boten die hauptamtlichen Tempelmädchen, die im Inneren des Heiligtums jedem, der sie verlangend aufsuchte, Liebe gewährten. Wie die Katholiken ihren Herrn leibhaftig in der Hostie verkörpert sehen, wähnten die Babylonier in jenen Frauen leibhaftige Repräsentantinnen Ischtars, die es durch sexuelle Vereinigung den Männern möglich machten, physisch und psychisch zugleich mit der Gottheit zu verschmelzen. Ob es sich hierbei um billiges Vergnügen oder echtes Verlangen, um eine Entwürdigung oder Hochschätzung der Frau handeln mochte... die ganze Wahrheit wird man heute nicht mehr rekonstruieren können. Wenn auch vermutlich längst nicht alle, die sich in geweihten Hallen der Liebeslust hingaben, von heiligen Gefühlen getrieben worden sein mögen, sollte man diesen Kult dennoch nicht vorschnell als Prostitution abwerten. Tempelmädchen genossen hohes Ansehen. Selbst Könige weihten ihre Töchter, um sie bei festlichen Anlässen stolz als Freudenmädchen – im wahrsten Sinne des Wortes – fungieren zu lassen. In Babylon nannte man sie »Heilige«, in Griechenland »Heilige Mägde«, im Jahwetempel zu Jerusalem »Geweihte« und in Indien »Dienerinnen der Gottheit«.

Die absoluten Höhepunkte aller Tempelfreuden aber gipfelten im »Hieros Gamos«, der Zeremonie der heiligen Hochzeit. Auch hier glaubte man, die Oberpriesterin vorübergehend als personifizierte Göttin betrachten zu dürfen. In der Hoffnung, durch diesen Akt Potenz und reiche Fruchtbarkeit auf Menschen, Tiere und Pflanzen herabrufen zu können, vereinigten sich König und Tempelfrau im Beisein ihrer Landeskinder, um anschließend in einem allgemein um sich greifenden Begeisterungstaumel von jung und alt, von allen Schichten des Volkes, nachgeahmt zu werden. So reich und vielfältig man sich die neuerwachende Fauna und Flora wünschte, so wechselvoll werden die Spielregeln jener »Massenorgien« ausgefallen sein. Doch nicht nur geliebte und begehrte Partner verkehrten miteinander, sondern wandten sich auch – ganz im Sinne eines Opfers – den Alten, Kranken und Häßlichen zu.

Hingabe, Gottesdienst, Orgie als heiliger Ritus, sind nicht nur im Ischtar-Kult zu finden. Vermutlich von den Sumerern eingeführt, lassen sich Riten dieser Art in der iranischen Religion der

Vor-Zarathustra-Zeit ebenso wie in Indien, bei den irischen Kelten und den Germanen nachweisen.

## Biblische Zeugnisse

»Hab ich das Licht angesehen, wenn es hell leuchtete, und den Mond, wenn er voll ging, daß mich mein Herz heimlich beredet hätte, ihnen Küsse zuzuwerfen mit meiner Hand? Was auch eine Missetat ist vor den Richtern; denn damit hätte ich verleugnet Gott in der Höhe« (Hiob 31, 26–28).

Wer hätte gedacht, daß selbst biblische Überlieferungen des Alten Testamentes zahlreiche Mondkultspuren in sich bergen? So wie seit dem 3. vorchristlichen Jahrtausend die meisten Religionen des Orients von ihm stimuliert wurden, die Frühlings- und Herbst-Tagundnachtgleichen, den vollen und neuen Mond feierten, achtete auch das israelische Volk auf den Himmel und seine Zeichen. »Moled« nannten die Hebräer ihren Neumond. Sobald zwei Augenzeugen Moleds schmales, neu geborenes Silberhorn gesichtet hatten, ließ Jerusalem auf sämtlichen Trompeten und Posaunen blasen und Herolde in alle Windrichtungen aussenden, um den neuen Monatsanfang in gebührender Form offiziell bekanntzugeben.

»Gott fährt auf mit Jauchzen und der Herr mit heller Posaune. Lobsinget, lobsinget Gott«, heißt es hierzu im 47. Psalm. Und Salomo sang einst zum großen Herbsterntedank: »Hebet an mit Psalmen und gebet her die Pauken, liebliche Harfen mit Psaltern! Blaset im Neumond die Posaune, in unserem Fest der Laubhütten« (Psalm 81, 3–4).

Obwohl sich die von Jahwe beseelten Propheten und Schreiber gewiß nicht motiviert fühlten, alte lunare Kulte und Bräuche zu bezeugen, lassen doch etliche Textstellen den ehemals hohen Rang des Mondes durchscheinen. Liest man zum Beispiel aufmerksam das 20. Kapitel des 1. Buches Samuel, in dem David und Jonathan ihren Freundschaftsbund bekräftigen, wird ersichtlich, daß der König samt seinem Gefolge zur Zeit des Neumondes festlich zu speisen pflegte (Verse 5, 18, 24); man sich nicht im »unreinen« Zustand an jene üppigen Tafelrunden setzten durfte

(Vers 26); es zu diesem Zeitpunkt offenbar gleichfalls üblich war, in die eigene Heimatstadt zurückzukehren, um hier, im Kreise aller Angehörigen, gemeinsame Opfer zu bringen (Verse 6, 28, 29).

Solcherlei Traditionen fußten auf sehr konkreten Beweggründen. Seit ältesten Zeiten ahnten die Menschen intuitiv jene Verbindungen von Mond, Wachstum und Ernte, Zusammenhänge, die heute Gegenstand wissenschaftlicher Forschung sind. Die uralte, von Generation zu Generation weitergegebene Weisheit, Aussaaten seien am besten in der anwachsenden Mondphase zu vollziehen, findet sich weltweit wieder.

Danach richteten sich die hebräischen Neujahrsfeste, deren Beginn mit großer Wahrscheinlichkeit durch den jungen Mond des 7. Monats eingeleitet wurde. Die Festivitäten wurden von emsigen Großputzaktionen begleitet, befürchtete man doch, alter Vorjahresunrat könne das noch unberührte neue Jahr ungünstig beeinflussen. Verständlich, daß Mose soviel mondisch-religiöse Verehrung nicht kommentarlos dulden mochte und gegen die Abgötterei anzukämpfen suchte.

»... daß du auch nicht deine Augen aufhebest gen Himmel und sehest die Sonne, den Mond und die Sterne, das ganze Heer des Himmels, und fallest ab und betest sie an und dienest ihnen ...«, warnte er eindringlich (5. Mose 4, 19). Und im 17. Kapitel des gleichen Buches wurde gar über jeden, den mehrere Zeugen beim heimlichen Götzendienst beobachteten, die unverzügliche Hinrichtung durch Steinigung verhängt.

Was mochte Mose bewogen haben, noch vor Verkündung der Zehn Gebote allein den siebten wiederkehrenden Tag zur offiziellen Ruhepause, deren Verletzung ebenfalls durch Todesstrafe geahndet wurde, zu erklären? Warum hatte er es so eilig, den vertrauten lunaren Kalender abzuschaffen? Vermutlich hoffte er, seinen Zeitgenossen damit peu à peu die Mondguckerei nehmen zu können. Denn wer nach oben schaut, wer die unermeßliche Weite des Alls auf sich wirken läßt, verliert nur allzuleicht Achtung und Respekt vor den kleinlich anmutenden Gesetzen irdischer Gegenwart.

War also der Mondkult eine ernsthafte Konkurrenz für die damals noch in Entstehung befindliche Religion unseres Vater-Gottes?

Im ehemaligen Naharia fanden Archäologen eine gut erhaltene Steinform, die aus dem 17. Jahrhundert v. Chr. stammen und mit großer Wahrscheinlichkeit die nackte Göttin Astarte darstellen soll. Unübersehbar heben sich zwei kühne Mondhörner vom Kopf ab, während ihr Blick auf den vorgewölbten Bauch gesenkt ist. Man benutzte Formen dieser Art, um Kuchen zu backen, die der göttlichen Gestalt glichen, Kuchen, die entweder verzehrt oder in heiligen Opferzeremonien verbrannt wurden. Vermutlich handelte es sich hier um die gleichen Riten, über die sich Gott Jahwe sechshundert Jahre später durch den Mund seines Propheten Jeremia bitterlich beschwerte:

»... denn siehst du nicht, was sie tun in den Städten Judas und auf den Gassen zu Jerusalem? Die Kinder lesen Holz, so zünden die Väter das Feuer an, und die Weiber kneten den Teig, daß sie der Himmelskönigin Kuchen backen« (Jeremia, 7, 17–18).

Das hört sich nach einem Volksfest, nach wohlig-heimeligen Familienaktivitäten an, nicht wahr? Aber verweilen wir, ehe wir uns der »Himmelskönigin« näher zuwenden, noch ein wenig bei Mose und den folgenschweren Geschehnissen am Fuße des Berges Sinai, der übersetzt übrigens soviel wie »Berg des Mondes« heißt.

Ohne Moses Gegenwart wie eine führerlose Herde zurückgeblieben, sehnte das Volk Israel sich nach einer freundlichen Gottheit zum Schauen und Anfassen. Gerade dem Vielgötterstaat des Pharaonenlandes entflohen, war den Juden vermutlich Hathor in vertrauter Erinnerung haftengeblieben: eine Göttin, die als allgewaltige sternenbesetzte Himmelskuh, einen großen prächtigen Vollmond zwischen ihren überdimensionalen Hörnern tragend, dargestellt wurde. Eine Kuh nährt, wärmt – und strahlt Zuversicht und Ruhe aus. In großen Trockenzeiten pflegten die Ägypter ein ausgesucht kräftiges Tier über der ausgedörrten Erde zu melken, um – indem die kostbare Milch den harten Boden tränkte – Hathor anzuflehen, Äcker wie Felder gleichsam mit dem so notwendigen Regen zu stillen.

Da das Bild solch mondischen Mutterwesens den israelischen Bedürfnissen nach Versorgung, Schutz und Geborgenheit sicherlich entsprach, wandelten sie die Gottheit ihrer langjährigen Unterdrücker ab und gaben ihr die Gestalt eines Kalbes: neugeboren, jung, entwicklungsfähig, wie die eigene Freiheit und Zukunft zu sein schien. Dasselbe Goldkalb, um das Mose sein Volk schließlich singend und fröhlich tanzend vorfand, als er mit den frisch beschriebenen Gesetzestafeln den Mondberg hinabstieg.

Nachdem der zornentbrannte Führer das Götzenbildnis zerstört und sein Pulver den Kindern Israels zu trinken gegeben hatte, »trat er in das Tor des Lagers und sprach: ›Her zu mir, wer dem Herrn angehört!‹ Da sammelten sich zu ihm alle Kinder Levi. Und er sprach zu ihnen: ›So spricht der Herr, der Gott Israels: Gurte ein jeglicher sein Schwert um seine Lenden und durchgehet hin und zurück von einem Tor zum anderen das Lager, und erwürge ein jeglicher seinen Bruder, Freund und Nächsten.‹ Die Kinder Levi taten, wie ihnen Mose gesagt hatte, und fielen des Tages vom Volk 3000 Mann« (2. Mose 32, 26–28). Doch trotz des blutigen Massakers, dem noch viele andere im Namen Gottes verübte Greueltaten folgen sollten, blieb der Kult der Großen Göttin bestehen und lebte mehr oder weniger verborgen im Volk weiter.

Es ist kaum möglich, alle Bibelstellen, die sich auf den so sehr gehaßten und sicher auch gefürchteten Ashtoreth-Kult beziehen, aufzuführen. Astarte, Ischtar, Anath, Anahita, Hera, Ashera schien eine ernsthafte Konkurrentin Jahwes zu sein. Selbst König Salomo, der Weise, konnte sich ihrer Faszination nicht entziehen. Im ersten Buch der Könige wird ausführlich berichtet, daß er, seinen zahlreichen ausländischen Frauen zuliebe, mit Ashtoreth sympathisierte, »was dem Herrn übel gefiel«. Und so ließ auch die Strafe nicht lange auf sich warten. Es kam zu einer gewaltsamen Teilung des israelischen Großreiches, »... darum, daß sie mich verlassen haben und angebetet haben Ashtoreth, die Göttin der Sidonier«.

Aber je drastischer die vermeintlichen, von den Propheten herbeizitierten Vergeltungen und Heimsuchungen auf die geteilten Stämme niederprasselten, desto mehr wuchsen Interesse und Sympathie zugunsten der großen Himmelsdame. Man erzählte, Anath bevorzuge Männerkleidung, sei aber dennoch stets wie eine Frau gegürtet. Als Herrin des Krieges wie auch der Liebe schien sie ihren Anhängern gelegentlich unbeherrscht und grausam, dann wieder sanft, phantasievoll-erotisch und ausschweifend. Hier wurden offenbar noch beide Seiten, schlechte und gute

Charakterzüge, als gleichwertige Bestandteile des menschlichen Wesens akzeptiert.

Die Himmelskönigin liebte Götter, Menschen und Tiere, wobei der Bruder-Geliebte Baal den ersten Platz in ihrem Herzen einnahm. Wenn sie, so die Sage, im frischen Himmelstau gebadet und mit dem wohlduftenden Amber des Pottwals gesalbt auftrat, entließ er alle anderen Frauen, um nur mit Anath allein zu sein. Viele Legenden und Mythen rankten sich um das Liebesleben dieser beiden, wie etwa jene Überlieferung, nach der Anath und Baal an einem Ort namens Dubr ganze siebenundsiebzigmal miteinander verkehrt haben sollen, wobei sich die Göttin ihrem Liebsten in Gestalt einer Kuh hingab.

Wo ihre Kulte vollzogen wurden, schienen Selbstwertgefühl und gesellschaftliches Ansehen der Frauen merklich anzusteigen; ein interessanter Nebeneffekt, der in fast allen von Mutterreligionen beherrschten Kulturen zu beobachten ist und den Verfechtern des Patriarchats höchst ungelegen kam. Deshalb ließ Jahwe durch den Mund seines Propheten Jesaja der weiblichen Welt verkünden:

»Und der Herr spricht: Darum, daß die Töchter Zions stolz sind und gehen mit aufgerichtetem Halse, mit geschminkten Angesichtern, treten einher und schwänzen und haben köstliche Schuhe an ihren Füßen, so wird der Herr den Scheitel der Töchter Zions kahl machen, und der Herr wird ihr Geschmeide wegnehmen« (Jesaja 3, 16–17).

Die eigentliche Säuberungsaktion setzte etwa 622 v. Chr. unter König Josia ein. Zwar gelang es ihm nicht sofort, die »schändliche Abgötterei« völlig auszurotten, er konnte ihr wohl aber einen empfindlichen Schlag versetzen. Vor allem jedoch beweisen seine Maßnahmen, wie sehr die Mondgöttin ihren Gegnern mißfallen haben muß, da man mit solch unerbittlicher Härte und Brutalität gegen sie vorging, um ihre Religion, ja, jegliche Erinnerung an ihre Person auszulöschen.

So ließ Josia sämtliche der Ashtoreth und anderen Himmelsidolen geweihten Bilder und Opfergeräte vor den Augen des verschreckten Volkes verbrennen, die Asche auf die kahlen Grabfelder »gemeiner Leute« streuen, Häuser, in denen Tempelmädchen ihre Liebesdienste anboten, gewaltsam niederreißen, die

Hohlräume mit Menschenknochen aus zuvor aufgescharrten Gruften füllen und alle »falschen Priester« auf ihren eigenen »falschen Altären« verbrennen – nachzulesen im 23. Kapitel des 2. Buches der Könige.

Heute lassen nur noch verstümmelte Ortsnamensreste wie etwa »Anatot« oder »Beth Anath« die große Vergangenheit hebräischen Göttinnentums ahnen. In einem jüdischen historisch-mythischen Bericht taucht eine Stadt namens »Ascherot-Karnaim« auf, was ihrer mondischen Bedeutung gemäß übersetzt »Astarte von den zwei Hörnern« heißt, trauriges Überbleibsel des ältesten Menschheitsidols, der göttlichen Urmutter.

Eine der letzten Stationen auf der Mondkult-Weltreise ist die alte Kultur Ägyptens, in deren imposantem Göttergefüge auch diverse Mondmajestäten ihren Platz hatten.

So widmete man dem falkenköpfigen, goldscheibengekrönten Gott Chons neben Eltern alljährlich das große Opetfest. Auf prächtigen, gleich schwimmenden Tempeln geschmückten Schiffen wurde die heilige Familie mit Musik nilaufwärts gen Luxor gerudert, am Ufer von jubelnden Mengen begleitet, die derlei Prunkfahrten mit Tänzen und eindrucksvollen Waffenspielen feierten. Noch heute spiegeln an den Wänden der hohen Säulenhalle des Luxortempels die berühmten Reliefs des Tut-anch-Amun die ausgelassene, freudengeladene Stimmung jener Feste wider.

Der Mondgott Thot war der Patron der altägyptischen intellektuellen Elite. Seine zumeist aus tiefblauer Keramik geformten Statuen stellen ihn mit Ibis-, Affen- oder Hundekopf dar, immer aber mit mattschimmernder, perlmutterner Sichel oder Kugel bekrönt. Sein Hauptfest wurde einige Tage nach dem ersten Neujahresvollmond gefeiert, bei dem man einander Süßigkeiten, Honig und Feigen schenkte und sich mit den Worten »Süß ist die Wahrheit« grüßte.

Thot, Schirmherr der Literatur, Hüter der Weisheit, Schutzgeist aller Erfindungen, Beistand der Mediziner und helfende Stütze der Magier sollte unter dem Namen Hermes Trismegistos alle anderen Landesgötter überdauern. Seine Bibliothek im Tempel von Hermopolis war weit über die Landesgrenzen hinaus bekannt, und man munkelte von geheimen unterirdischen Tunneln, in denen wertvolle, von ihm persönlich beschriebene Papyrusrollen lagern sollten. Zu den üppigen Anlagen der Heiligtümer gehörten etliche Werkstätten und liebevoll angelegte Gärten; die inneren Höfe, Säulenhallen und Prunksäle durften indessen nur von wenigen privilegierten Gläubigen betreten werden, glaubte man Thot doch durch die Anwesenheit seines Bildes, das in der allerinnersten »Cella« aufbewahrt wurde, leibhaftig vertreten.

Viele Priester zogen hier kleine Mantelpaviane auf. Es wird überliefert, daß diese Äffchen bei abnehmendem Mond die Köpfe hängen lassen, Nahrung verweigern und völlig apathisch sind; sobald sich Luna aber erneut zu runden beginnt, wachsen auch bei ihnen wieder Appetit und Lebenslust.

Viel mehr Ansehen genossen Katzen. Der Grund dafür sei, erklärte Plutarch, daß sich ihre Augen im vollen Nachtlicht weiten, weil sie gleich diesem veränderlich und fruchtbar seien. Zudem brachte man Katzen intuitiv mit Hathor, der schon erwähnten Kuhgöttin, in Verbindung und achtete sie später als Inkarnationen der großen Isis, die uns noch begegnen wird.

Wie mögen solcherlei Vorstellungen entstanden sein, die Katzen als geistesverwandte Wesen der großen Göttin deuten? Tatsächlich schien das frühe Christentum echte Antipathien gegen sie zu hegen, denn es war in frühchristlichen Bräuchen mancherorts üblich, sie zum Fastnachtsdienstag auszupeitschen und am darauffolgenden Karfreitag lebendigen Leibes zu verbrennen. Sollte durch solche »Hinrichtungen« die besondere weibliche Schuld, der Ungehorsam Evas, der alle nachfolgenden Menschen mit der Erbsünde belastete, angeprangert werden? Bezweckte man, Frauen mit »aufgerichtetem Halse« Angst einzujagen? Läuteten Aktionen dieser Art die mittelalterlichen Hexenverfolgungen ein? Wie dem auch gewesen sein mag: Später wurden den eigensinnigen Samtpfoten ganz bewußt schlechte Omen angedichtet, und auch in unseren Tagen hört man gelegentlich noch den Spruch »Schwarze Katze von rechts – da pecht's«.

Auch das übrige Afrika hatte eine innige Beziehung zum Mond. Viele Stämme kannten Mond-Taufriten. So erwarteten Baganda-Frauen die nahenden Vollmondnächte, ehe sie ihre Babys in ein erstes Bad tauchten, während die Xhosa und Sotho im Süden des

Kontinents nach der Geburt eines jeden Kindes den Yandla-Ritus vollzogen, einen Brauch, der auch heute noch praktiziert wird: Pünktlich zum Tag nach Neumond begibt sich die junge Mutter hinter ihre Hütte, entzündet ein Feuer, um einen brennenden Holzscheit gen Himmel zu werfen. Exakt im gleichen Moment tritt die Großmutter mit dem Säugling in Erscheinung. Sie hebt das Baby empor, ruft ihm den Satz »Sieh dir deinen Mond an« zu und legt es dann feierlich auf den Aschenhaufen nieder. Nun darf auch der Vater sein Kind küssen und liebkosen. Geistig oder körperlich zurückgebliebene kleine Stammesabkömmlinge werden halb scherzend, halb liebevoll entschuldigend mit der milden Redensart »Man hat wohl vergessen, dir deinen Mond zu zeigen« bedacht.

Planten die Könige der alten Stämme Zimbabwes ihre Eheschließungen, geschlechtlichen Beziehungen und öffentlichen Auftritte respektvoll nach den lunaren Phasen, so glaubten die Buschmänner schlicht, das große Nachtlicht gehöre einer Heuschrecke, der sogenannten Gottesanbeterin, die den guten Weisen aus einem Schuh hervorgezaubert habe; eine Vorstellung, die sie jedoch keineswegs daran hinderte, diesen, gleich allen anderen imposanten Naturerscheinungen, anzubeten:

»O Mond dort oben! Hilf mir morgen eine Gazelle erlegen! Gib mir Gazellenfleisch zu essen! Hilf mir, daß ich mit diesem Pfeil eine Gazelle treffe, mit diesem Pfeil! Gib mir, daß ich mich satt essen kann an Gazellenfleisch! Hilf mir, daß ich mir heute nacht den Magen füllen kann! O Mond dort oben! Ich wühle in der Erde nach Ameisen ... gib mir doch zu essen!«

Das erinnert an die »Mond, o Mutter Mond«-Bitten der Pygmäen. Dabei war der Mond den Afrikanern weit mehr als nur Lichtquell kühl-erfrischender Nächte oder Spender von Feuchtigkeit und Nahrung. Gerade im Mythenschatz des schwarzen Kontinents spiegelt sich jene alte, weltweit verbreitete Botschaft, die Kunde von der Unvergänglichkeit des Lebens, besonders deutlich wider. Eine der vielen tiefgründigen, aus der Buschmänner-Zeit stammenden Sagen erzählt, wie der gute Mond vor langer, langer Zeit einst allen irdischen Geschöpfen ein Leben nach dem Tode versprach. Ein Mann jedoch, dessen Mutter gestorben war, zweifelte am Wahrheitsgehalt jener mondischen Lehre und ließ sich von derartig schmerzvollem Herzeleid übermannen, daß er nur noch zu jammern und klagen vermochte.

»Deine Mutter schläft«, sprach ihm der Mond deshalb tröstend zu. Aber der Trauernde schluchzte nur ein störrisches »Nein, sie ist tot« zurück. So entstand ein Streit zwischen beiden, in dessen Verlauf der Mond sehr ärgerlich wurde. Schließlich verlor er die Geduld. Verbittert und erbost zugleich sprach er allen Menschen das Recht auf Unsterblichkeit ab. Dem Ungläubigen aber zerschlug er den Mund und verwandelte ihn auf ewig zu einem furchtsamen, flüchtenden Hasen, weshalb die Buschmänner bis zum heutigen Tage keine Hasenlenden anrühren.

Es gibt noch andere, von Stamm zu Stamm unterschiedliche, dennoch im Kerngehalt ähnliche Sagen. Wie etwa die Überlieferung der Namaqua, nach der Meister Lampe als Gesandter beauftragt wurde, besagte Nachricht in die Welt zu tragen – und die Übermittlung prompt völlig verdrehte. Hier spaltete der zornentbrannte Mond gleichfalls die Lippen des unzuverlässigen Boten und verdammte ihn zum ewigen Läufer, worauf Herr Langohr ihm das Gesicht zerkratzte. Interessanterweise essen auch die Namaqua-Männer nicht nur kein Hasenfleisch, sondern meiden sogar tunlichst jegliches Feuer, auf dem solches zubereitet wurde. Wer gegen dieses Gebot verstößt, muß das Dorf verlassen und darf nur gegen Zahlung eines entsprechenden »Lösegeldes« hoffen, in Ehren wieder in die Gemeinschaft aufgenommen zu werden.

Die Mondkult-Entdeckungsreise durch versunkene Kulturen und vergangene Zeiten ist zu Ende.

Ob Magie, Göttinnentum, Sexualität, Fruchtbarkeit, Tod oder Wiedergeburt... es scheint unmöglich, all die unterschiedlichen Mensch-Mond-Vorstellungen auf einen gemeinsamen Nenner zu bringen. Die Idee jedoch, jene am Himmel sichtbaren mondischen Wechselphasen auf das eigene menschliche Schicksal zu beziehen, zieht sich wie ein roter Faden durch alle Kontinente und Epochen.

Projektionen der Psyche. Urempfindungen: Wie der Mond anwächst, glanzvolle Höhepunkte erreicht, verlierend abnimmt, sich in sich selbst zurückziehend ausruht, um schließlich wieder einen neuen Anfang zu wagen, so haben unsere Vorfahren ihn als Vorbild zur Bewältigung der eigenen irdischen Herausforderungen verstanden – und als tröstenden Fingerzeig auf eine mögliche Überwindung des Todes interpretiert.

Und weil von jeher Frauen die starken, tragenden Stützen dieser lunaren Urreligionen gewesen sind, wird sich das folgende Kapitel den versunkenen Glanzzeiten der großen matriarchalischen Kulturen widmen – der hohen Zeit der Weiblichkeit.

# Die hohe Zeit der Weiblichkeit

Göttinnenanbetung und die Verehrung weiblicher Idole sind fast so alt wie die Menschheit selbst. Schon im Eiszeitalter, etwa 24 000 Jahre vor Christi Geburt, formte man kleine, eindeutig als weiblich anzusprechende Figuren, von denen unzählige mehr oder weniger gut erhalten zwischen Rußland und den Pyrenäen entdeckt wurden.

Noch auffälligere feminine Rundungen weisen etwa aus der gleichen Zeit stammende Funde auf, die im Nildelta und im übrigen Afrika gemacht wurden. Hier förderten Archäologen imposante Frauengestalten mit schweren hängenden Brüsten und dicken Bäuchen zutage.

Im englischen Norfolk stießen Altertumsforscher auf Fruchtbarkeitsgöttinnen samt reichen Opfergaben, von denen die Archäologie annimmt, daß sie aus der Jungsteinzeit stammen und somit immerhin schon gute 5000 Jahre in der Erde geruht haben müssen.

Das Prinzip der Weiblichkeit, der Glaube an eine liebende, fruchtbare Muttergottheit, scheint die Vorstellungs- und Glaubenswelt aller Menschen rund um den Globus von jeher beherrscht zu haben. Ein ungewöhnlicher Gedanke?

Für jeden von uns, ob männlich oder weiblich, war bzw. ist die Verbundenheit mit der leiblichen Mutter die erste wichtige Lebensbeziehung. Von der vertrauten Phase des Einsseins während der Schwangerschaft, deren Bedeutung heute von keinem Psychologen mehr in Frage gestellt wird, einmal abgesehen, prägt das Verhalten der sogenannten Beziehungsperson die gesamte weitere Entwicklung des Neugeborenen. In der Regel ist es die Mutter, die das Kind nährt und pflegt und ihm somit alle für das weitere Leben unbedingt notwendigen Gefühle der Geborgenheit, des so oft zitierten Urvertrauens vermittelt. Unter diesem Aspekt scheint der Gedanke an eine Göttin völlig naheliegend, geradezu natürlich und logisch zu sein.

Da die Lebensdauer früher wesentlich kürzer, die Kindersterblichkeit jedoch viel höher als heute war, da Hungersnöte und Seuchen ganze Sippschaften und Völker auslöschen konnten, war man auf die Fruchtbarkeit und Gebärfähigkeit jeder einzelnen Frau angewiesen. Die Mutterschaft wurde aufs höchste verehrt.

Als die Frauen sich außerdem in der Jungsteinzeit Fertigkeiten wie Ackerbau und Töpferei anzueignen begannen, gewann Weiblichkeit abermals an Ansehen. Während die »Herren der Schöpfung« die meiste Zeit mit Jagen verbrachten, den Gefahren der Außenwelt, wilder Tiere und den Bedrohungen durch feindliche Stämme ausgesetzt waren, hatten die daheim gebliebenen Frauen mehr Möglichkeiten, handwerkliches Können und eigene Fähigkeiten zu kultivieren, wodurch sich eine gewisse Überlegenheit entwickelt haben könnte.

Später dann, im Zeitalter der Kriege und Invasionen, war es vielerorts üblich, alle Männer und männlichen Nachkommen der besiegten Gegner zu töten, Frauen und Mädchen aber zu versklaven. Gehörten diese nun einer höheren Kulturstufe an, waren sie intelligenter und kultivierter als ihre Eroberer, so liegt es auf der Hand, daß ihr Wissen sich durchsetzte und ihnen Ansehen und Verehrung einbrachte.

Es gibt sogar Theorien, nach denen Isis, Inanna und andere Mondgöttinnen solche »Eroberungen« gewesen sein könnten – Abstraktionen gebildeter Frauen, die allen weniger Kultivierten ihrer Zeit als »göttlich-weise« erschienen und durch deren Wirken die Vorstellung »Göttin lehrt Menschen und erwählt Könige« entstanden sein mag.

Vermutungen, aber so oder so ähnlich mag sich der Keim für eine mutterrechtliche Kultur entwickelt haben. Die Frau als Spenderin des Lebens, Hüterin der Nahrung, Herrin des Hauses, Quelle ständig neuer Einfälle und Ideen – aus solcherlei Funktionen kristallisierte sich allmählich das Matriarchat heraus, eine Gesellschafts- und Sozialordnung, in der überwiegend Mütter bzw. Frauen in Familie und Gesellschaft die beherrschende Rolle spielten.

Matriarchatsforscherinnen gehen davon aus, daß jene Epoche zwischen das 9. und 7. Jahrtausend zu datieren ist, denn aus dieser Zeit stammen die meisten archäologischen Funde: stattliche Statuen in langen Gewändern, mit hoch aufgebundenen, turmartigen Haartrachten, manchmal sitzend, hockend und offensichtlich gebärend, oft auch stehend, beide Arme unter die überquellenden Brüste gepreßt.

In manchen Gegenden fand sich die Göttin als Schlange oder Taube versinnbildlicht wieder. Immer aber wirkt sie aufrecht – stolz und niemals leidend oder gar demütig. Gerade so, als wolle sie auf ihre Art sagen: »Schaut mich an! Kopf hoch und folgt mir nach!«

Leider besitzen wir fast keine schriftlichen Überlieferungen und wissen somit wenig Konkretes über damalige Riten und Bräuche. Vermutungen lassen sich lediglich aus Mythen ablesen. Wirken diese auf uns zunächst auch unverständlich und muß man zudem davon ausgehen, daß Mythen im Laufe der Geschichte verändert und entstellt, häufig sogar bewußt ins Gegenteil verkehrt wurden, so dürfen doch – zumindest sinngemäße – Widerspiegelungen sozialer Zustände darin gesehen werden.

Einer der schönsten Matriarchatsmythen stammt aus dem Kulturschatz der Luyia, die in Kenia zu Hause sind:

Gott schuf den Mond vor der Sonne. Weil der Mond aber sehr viel größer, schöner und heller als sie selbst strahlte, wurde die Sonne neidisch und begann ihren Bruder zu bekämpfen. Zunächst schien sie die Schlacht zu verlieren, wurde niedergeworfen und bat um Gnade. Dann aber gewann sie an Stärke, bespritzte den Mond bald mit Dreck und zog ihn mit aller Kraft durch den Schmutz. Das schadete seiner Leuchtkraft sehr. Da schaltete sich Gott ein. Und weil er einen weiteren Kampf verhindern wollte, verfügte er, daß nun die Sonne heller glänzen und ihr Licht des Tages Königen und Arbeitern senden dürfe, während der Mond nachts Hexen und Dieben scheinen sollte.

Schon im letzten Jahrhundert erklärte der bekannte Kulturhistoriker und Mythenforscher Johann Jakob Bachofen, er könne für Athen, Kreta, Limnos, Elis, die westlich des Golfes von Euböa gelegene altgriechische Landschaft Lokris, für das ehemalige Mantinea im östlichen Arkadien, für Mitilini, für Orchomenos, eine lang versunkene Stadt im mittelgriechischen Böotien, für

Cantabrien in Nordspanien, für die Südtürkei, Ägypten, Zentralasien, Tibet und für Indien ein mutterrechtliches Zeitalter nachweisen. Bachofen und viele andere Historiker halten ein solches auch für den Rest der Welt für sehr wahrscheinlich.

Mit Çatal Hüyük, der wohl ältesten ausgegrabenen Stadt der Erde in der südöstlichen Türkei, scheint man auf eine typische Matriarchatssiedlung gestoßen zu sein, die im 7. Jahrtausend v. Chr. mit schätzungsweise 10 000 Einwohnern eine bedeutende Metropole ihrer Zeit gewesen sein soll. Mit großen Obsidianvorräten ausgestattet, einem schwarzen, glasigen Vulkangestein, verfügten ihre Bürger über genügend Material, um alle nur denkbaren Gerätschaften für Handel und Eigenbedarf herstellen zu können. Doch obwohl man offensichtlich wohlhabend war, zeichnete sich das Innere aller ausgegrabenen Häuser durch eine erstaunlich gleichartige Bauweise aus. Diese Zeit scheint noch keinen Standesdünkel, keine Statussymbole und kein extremes Arm-Reich-Gefälle gekannt zu haben. Sehr wahrscheinlich lebten die Menschen in einer sozial gerechten Gesellschaftsform, die sich ja bekannterweise in anderen mutterrechtlichen Staaten gleichfalls nachweisen läßt. Die Wohnstätten, ähnlich unseren heutigen Reihenhäusern eng aneinandergebaut, bildeten nach außen einen schützenden, leicht zu verteidigenden Mauerring – eine offensichtlich unnötige Vorsichtsmaßnahme, denn die Archäologen konnten keinerlei Spuren kriegerischer Auseinandersetzungen finden. Sie folgerten daraus, daß Çatal Hüyük eine rund tausendjährige Friedenszeit und eine relativ ungestörte kulturelle wie wirtschaftliche Entwicklung erlebte.

Trotzdem gab es auch hier gelegentlich Katastrophen, wie etwa Großbrände, die durch offene, inmitten der Wohnräume befindliche Feuerstellen sehr leicht ausbrechen konnten. Unglücksfälle, die nach Berechnungen des an den Ausgrabungsarbeiten maßgeblich beteiligten Archäologen James Mellaart etwa alle hundert Jahre einmal vorkamen.

Çatal Hüyük scheint ein wichtiges kulturelles Zentrum gewesen zu sein. Allein 40 freigelegte Kulträume zeugen von der tiefen Religiosität jener Einwohnerschaft, in der Männer – den Skelettfunden nach ohnehin in der Minderheit – eine eindeutig untergeordnete Rolle spielten. Es fanden sich keinerlei Darstellungen von maskulinen Gottheiten, alle Funde drücken typisch weibliche Symbole und Formen aus.

Eine der eindrucksvollsten und aussagekräftigsten Entdeckungen stellt eine hoheitsvolle, respekteinflößende Göttin dar, die unter stilisierten Hörnern, mit erhobenen Armen und weit ausgebreiteten Beinen einen Stier gebiert. Sind das die Hörner der späteren Ashtoreth-Astarte – Mondhörner?

In allen Frauenkulturen spielten Tänze eine große Rolle. Sie dienten jedoch nicht nur der lustvollen Abwechslung oder spielerischen Möglichkeit, den harten Alltag zu vergessen, sondern galten vor allem als heiliges Ritual, als Magie, als Versuch, mit der eigenen Seele und allen himmlischen Kräften Kontakt aufzunehmen: Tänze als Gelegenheit, die eigenen Ängste, Gefühle, Wünsche und Sehnsüchte in Bewegungen zu fassen und auszuleben.

Ursprünglich tanzten unsere Urmütter, wenn ihre Mondin zu entschwinden drohte. Sie erlebten die eigenen Gebärden und Gesänge als gemeinsames, lebensnotwendiges Unternehmen, um ihre geliebte Göttin vom Fortgehen abzuhalten, zur Rückkehr zu bewegen und ihr schließlich bei der Wiedergeburt unterstützend beizustehen. Wie die Tänze der ab- und zunehmenden Phasen von einem bittend-beschwörenden Charakter beseelt waren, so lobte und bewunderte man die füllige Schönheit der runden Göttin in fröhlichen und oftmals erotisch gefärbten Vollmondfesten.

Von den Eingeborenenstämmen Afrikas, die ähnliche Riten noch in unserer Zeit pflegen, wissen wir, daß man hier oft bis zur Ekstase und totalen Erschöpfung, ja, bis hin zur Ohnmacht tanzt, die als ein höchst ehrenwerter Zustand angesehen wird. Denn wer in Bewußtlosigkeit fällt, kann sich rühmen, dem Himmel sein Letztes dargebracht, sich selbst geopfert zu haben. Ohnmachtserwachen aber wurde als verheißungsvolles Vorgefühl auf die einst zu erwartende Wiedergeburt interpretiert.

Tatsächlich schien den matriarchalischen Völkern die Vorstellung des endgültigen, unwiderruflichen Todes fremd zu sein. In vielen religiösen Überlieferungen hieß es, Frauen könnten niemals sterben. Sie zögen sich im Alter lediglich für eine kleine Weile in die Einsamkeit zurück, um verbrauchte Haut gegen frische, gesunde eintauschen zu können.

Andere Stämme lebten in der tröstlichen Gewißheit, die mondische Göttin werde sich bei soviel aufrichtiger Anteilnahme revanchieren, indem sie den Tanzenden nebst Angehörigen nach dem Tode gleichfalls hilfreich zur Seite stehe. Man glaubte, alle Verstorbenen in ihren Armen oder zwischen den Flügeln geborgen auf Wiedergeburt wartend zu wissen und war überzeugt, in jedem neugeborenen Baby einen alten Ahnen zu begrüßen.

Was gedacht, gebetet, gesungen und in jene mondbeschienenen Zeremonien hineininterpretiert wurde, blieb der Phantasie und Herzensweisheit eines jeden Gläubigen selbst überlassen. Matriarchalische Religionen waren liberal und freizügig wie ihre Heiligtümer, die man stets gen Himmel geöffnet hielt, damit alle Lichter hineinleuchten und ihre irdischen Kinder bzw. Geschwister segnen konnten.

Hier, in den alten, zum Teil bis heute noch erhaltenen Steinkreisen und megalithischen Bauten, erwarteten die Frauen in vertrauter Gemeinschaft die Sonnengeburt der Wintersonnenwende, feierten Frühlings- und Herbst-Tagundnachtgleichen, Sommersonnenwenden und vieles mehr. Gleichzeitig vermutet man aber auch in jenen Steinkreisen exakte prähistorische Mond- und Sonnenkalender.

Professor Alexander Thom aus Oxford, der etwa 400 prähistorische megalithische Bauten untersuchte, ist davon überzeugt, daß sogar schon die Menschen der Jungsteinzeit die tagtäglichen Mondaufgangszeiten bis auf ganz minimale Abweichungen korrekt berechnen konnten. Besonders die Externsteine im deutschen Lipperland sowie Stonehenge in Südengland zeugen von der phänomenal anmutenden Baukunst jener vorgeschichtlichen Kulturen. Darüber hinaus läßt sich durch moderne, hochempfindliche Geräte nachmessen, daß von hier – vornehmlich zu den Sonnenaufgängen der Tagundnachtgleichen – oftmals auffallend starke Ultraschallwellen und verstärkte radioaktive Strahlen ausgehen. Zudem erzeugen diese Bauten einen meßbaren Ultraschall-Sperring, der sich spiralförmig nach innen bis zur totalen magnetischen Stille vermindert. Frühe Kultstätten waren also, ähnlich dem uns heute bekannten Faradayschen Käfig, von Strahlen und Magneteinflüssen aller Art abgeschirmt – Orte absoluter Ruhe und Stille.

Glaubte man sich hier den kosmischen Kräften am nächsten? Interessanterweise läßt sich auf sogenannten Infrarotphotos deutlich ein von den Hauptsteinen ausgehender, himmelwärts flammender Lichtstrahl erkennen. Das kann kein Zufall sein. Offenbar besaßen die frühen Menschen ein sehr viel feineres Gespür für Strahlen, Strahlenfreiheit und deren Wirkungen auf Körper und Geist als wir. Dieses Wissen, das möglicherweise instinktiv gesteuert war, ist heute verloren.

Überhaupt scheint es mit den Spiralformen eine besondere Bewandtnis zu haben. Schon die Siegestempel des alten Çatal Hüyük brachten durch solche und ähnliche Formen die positive Lebensgrundstimmung ihrer Zivilisation zum Ausdruck. Sehr viele Male stellen sie neben mäandrischen Ornamenten und Rautenmustern weit ausschwingende, wieder in sich zurückfließende Linien und Spiralen dar: Nichts geht verloren, alles kehrt zum Urkern zurück, um aus diesem neu geboren zu werden. Die Spirale ist eine unzählige Male in Fauna und Flora vorkommende Grundform der Natur: In Spiralformen sammeln sich Magnetfelder, saugen Tornados, steigen Wetterhochs und wachsen Schlingpflanzen. Nicht zuletzt werden die Wechselwirkungen des Mikro- und Makrokosmos den Spiralformen der Milchstraße und des ganzen Universums zugeschrieben.

Alte Spiraldarstellungen folgten oft einer Grundschablone, die aus einem Kreuz, vier Punkten und vier Halbmonden bestand. Sie schmückten Gräber, sakrale Räume, Krüge, Gürtel, Armreifen und andere wertvolle Schmuckstücke. Mehr noch: Die Spiralform wurde nach einem exakt vorgegebenen Muster, das dem angenommenen Himmelslauf der Mondin entlehnt war, seit Urzeiten getanzt. So bewegte man sich stets linksherum schreitend von außen nach innen auf den Mittelpunkt zu, harrte hier eine Weile aus, um dann rechtsherum nach außen zurückzutanzen.

Reigen dieser Art versinnbildlichten zugleich die Suche nach dem eigenen inneren bzw. göttlichen Zentrum. Je nach Bedürfnis, Ritual und Jahreszeit hofften die Frauen im Spiralherzen entweder den Kern des ewigen Lichtes aufzuspüren, um von diesem einen kleinen Teil in die Außenwelt zu tragen, oder sie durchlebten symbolisch Tod und Wiedergeburt, wobei der zurückdrehende Tanz zugleich als befreiender, neugeistiger Anfang empfunden wurde. So erfüllten diese Riten einen tiefen, bis an die untersten Seelenschichten rührenden Sinn.

Frust, Traurigkeit, Schuld und andere negative Gefühle hinter sich zu lassen, sich mit dem Kosmos, der Welt und dem eigenen Ich zu versöhnen, um schließlich symbolisch verwandelt aufzuerstehen ... mit frischer Kraft und Zuversicht müssen jene Tänzerinnen wieder aus ihrer Spirale herausgetreten sein. In diesen Zeremonien lagen großer therapeutisch-heilsamer Wert und seelische Aufbauarbeit – Parallelen zur christlichen Sündenlossprechung werden sichtbar, die sicher von vielen Gläubigen als ähnlicher Befreiungsakt empfunden wird; hier aber stets mit dem »Mea-culpa-Schlag« auf die Brust und dem Gefühl, aus eigener Kraft nichts erreichen zu können.

Heute, Jahrtausende später, lassen sich noch vereinzelte Steinkreise und Steinringe finden. Besonders gut erhaltene Plätze kann man in Irland, Schottland und in der Bretagne besichtigen. Oft wurden Kirchen und Kathedralen auf ihnen errichtet, in deren Ornamenten man jene altvertrauten Formen und Linien zunächst übernahm, ließen sich doch die vorchristlichen Bräuche nicht so ohne weiteres aus der frommen Volksseele verbannen.

Labyrinthtänze scheinen den Urgemeinden durchaus bekannt gewesen zu sein. Eine Johannesakte, die von Konzilsvätern, gleich vielen anderen Schriftfunden, für nicht bibelwürdig und somit ungültig erklärt wurde, erwähnt den Text eines Reigens, nach dem sich die zwölf Jünger im Kreis um Christus zu drehen pflegten. Freilich wurden die Tanzmuster im Laufe der Zeit verwobener und komplizierter, verliefen bald in fortlaufenden oder doppelt ineinander verschlungenen Spiralen, wie sie auffallend häufig im östlichen Mittelmeerraum zu sehen sind. Besonders schöne Spiraldekors lassen sich in den französischen Kathedralen von Reims, Sens, Amiens, Arras, Saint-Quentin und Bayeux bewundern.

Das vermutlich größte erhaltene Kirchenlabyrinth befindet sich im Mittelschiff der im Jahre 1260 geweihten Kathedrale von Chartres. Die einen Durchmesser von 12,5 Metern aufweisenden Bodenplatten würden ihre aufmerksamen Besucher sicherlich in Staunen versetzen, wenn sie nicht allesamt von Stühlen verdeckt wären. Es heißt, ihr Ursprung sei in der Tradition ägyptischer

Mysterienweihe zu suchen, einem Ritual, das sich offensichtlich selbst in römisch-katholischen Gebieten noch bis in das 13. Jahrhundert hinein halten konnte. Die wahren Wurzeln der Spiralen und Labyrinthe aber reichen viel tiefer, nämlich weit in die Zeiten matriarchalischer Mondtänze zurück.

Wie schon erwähnt, gibt es über jene Sitten und Bräuche verhältnismäßig spärliche Schriftüberlieferungen. Eine Notiz entstammt den Mitteilungen des griechischen Geschichtsschreibers Herodot, der im 4. vorchristlichen Jahrhundert lebte. Ihm verdanken wir einen Bericht über die damals schon schlohweißen, der patriarchalischen Neuzeit höchst wundersam anmutenden mutterrechtlichen Traditionen der Lykier, die in der Küstenlandschaft im Südwesten Kleinasiens beheimatet waren und sich nach der Mutter benannten und nicht nach dem Vater. Wenn man einen Lykier frage, wer er sei, so werde er sein Geschlecht von Mutterseite angeben, und wenn eine Bürgerin mit einem Sklaven sich verbinde, so gelten die Kinder für edelgeboren; wenn aber ein Bürger eine Ausländerin oder ein niedriges Weib nimmt, so seien die Kinder unehelich.

Herodots Schilderungen wurden von anderen Schreibern bestätigt. So wußte Nicolaus Damascenus, daß in Lykien niemals Söhne, sondern ausschließlich Töchter erbten, während Plutarch gar von einem Gesetz schrieb, das allen Bürgern verordnete, »sooft sie trauerten, Weiberkleidung anzuziehen«. Nicht etwa, weil man geglaubt hätte, es sei eines Mannes unwürdig zu weinen; vielmehr sprach »frau« den »Herren der Schöpfung« deshalb das Recht auf Totenklage ab, weil Männer in keinerlei Zusammenhang mit der Entstehung des Lebens gesehen wurden. Erst durch die symbolische Verwandlung zur Weiblichkeit erwarb der Lykier den Anspruch, Schmerz und Kummer öffentlich zu zeigen, um sicherlich nicht zuletzt auch Zusprache und Trost erwarten zu dürfen. Litten die damaligen Männer unter dem »Makel«, nicht gebären zu können?

Aus solchen Anschauungen heraus könnte sich der aus Matriarchatszeiten stammende Couvade-Brauch entwickelt haben, bei dem werdende Väter sich mit ihren gebärenden Partnerinnen bis hin zum eigenen Unwohlsein identifizieren: Die Hochschwangere geht wie gewohnt ihrer Arbeit nach, während sich ihr Angetrauter stöhnend und ächzend auf seiner Matte wälzt. Die Frau trägt stärkende Speisen herbei, ermuntert, versorgt ihn und bereitet sich nebenher auf die Geburt vor. In Begleitung anderer Geschlechtsgenossinnen zieht sie sich schließlich zurück, um ein paar Stunden nach der Entbindung ihren gewohnten Lebensrhythmus wieder aufzunehmen. Vor allem aber muß sie nun den gestreßten Gatten pflegen, der samt Säugling geschwächt in der Hängematte schaukelt, nicht trinken, geschweige denn arbeiten mag und höchstens dünnen Haferschleim zu essen imstande ist. Laut Strabo war Couvade vor Zeiten auf Zypern, Korsika, Kreta sowie auf den Balearen üblich und wird heute noch bei den Arunta und anderen Naturvölkern praktiziert.

Weitere aufschlußreiche Auskünfte über vergessene Frauenprivilegien sind in dem indischen Volksepos »Mahabharata« nachzulesen: Demnach wurden früher die Inderinnen nicht im Haus eingesperrt und hingen nicht von ihren Ehemännern ab, sondern durften frei umherlaufen und sogar ungestraft fremdgehen. Erst später verkehrte sich dieser Zustand ins Gegenteil. Die Inderinnen verdanken ihre aktuelle Unterdrückung vermutlich der brahmanischen Priesterschaft, die nach dem Sieg über die Kriegerkaste Kshatriyas der gesamten weiblichen Welt nicht nur jegliche religiöse Betätigung untersagte, sondern darüber hinaus sogar das Studium jener einst von ihnen selbst mitverfaßten heiligen Schriften verbot.

Sicher wüßten wir heute wesentlich mehr über Kenntnisse, Erfahrungen, wahre Bedeutung und Ausmaße einstiger Frauenkulturen, wenn nicht die großen Bibliotheken Alexandrias den Flammen zerstörungswütiger Eroberer zum Opfer gefallen wären. Hier, in den Universitätsgebäuden dieser Stadt, soll sich vor Zeiten die umfangreichste und kostbarste Schriftensammlung der gesamten antiken Welt befunden haben. In ihren Hallen lehrte Euklid Geometrie, hier stellte Eratosthenes, der zugleich das Amt des Chefbibliothekars innehatte, seine berühmten Erdumfangsberechnungen auf und zeichnete die erste Weltkarte. Hier dozierte aber auch Hypathia, eine weit über die Landesgrenzen hinaus bekannte neuplatonische Philosophin und Mathematikerin. 47 v. Chr. griff im Laufe eines Cäsarschen Angriffs ein erstes Feuer um sich, dem 500 000 Bücher und Papyrusrollen zum Opfer fielen. Der zweite, weitaus verhängnisvollere Brand wurde indessen von christlichen Mönchen gelegt, die eigentlich nur den heidnischen Serapis-Tempel vernichten wollten; die Flammen sprangen jedoch auf den benachbarten Universitätskomplex über und ließen nichts als Schutt und Asche zurück – verlorene Wissensschätze, die nie mehr rekonstruiert werden konnten.

Gleichzeitig fand Alexandrias berühmte Ära freigeistiger Liberalität ein Ende, so, wie die kluge Hypathia jenen feuerzündelnden Fanatikern ihren Tod zu verdanken hatte. Auf dem Weg zu einer Vorlesung wurde sie an den Haaren davongeschleift und vor den Augen ihrer entsetzten Studenten und Studentinnen verbrannt. Spätestens jetzt hatte es auch die letzte Frau begriffen: Weibliche Intelligenz war nun nicht mehr erwünscht.

Aus dem Lauf der Geschichte wird deutlich, daß immer wieder eine totale Umkehrung aller vormals für richtig gehaltenen, vollgültig erklärten Werte festgestellt werden kann: Auf Aktivität folgt Passivität, auf Aufbau Zerstörung, auf Frieden Krieg, Phasen sexueller Prüderie ziehen Epochen höchster Freizügigkeit nach sich und umgekehrt. Überall kann in der Geschichte ein Aufeinanderfolgen von Gegensätzen beobachtet werden. Allein die Tatsache, daß Frauen als die »größere« Hälfte der Weltbevölkerung in den meisten gegenwärtigen Religionen und Wirtschaftssystemen bescheiden im Hintergrund stehen, mehr oder weniger offensiv abgewertet werden, sollte den aufmerksamen Betrachter der Historie stutzig werden lassen. Daraus zog schon Bachofen die logische Konsequenz: »Die Strenge des patriarchalischen Systems weist auf ein älteres hin, das bekämpft und unterdrückt werden mußte.«

Erinnern wir uns an den Mythos der Luyia aus Kenia, an den Kampf der Sonne gegen den heller strahlenden Mond: Schon ab dem 5. bis 3. Jahrtausend deuteten in Mesopotamien, Ägypten, Persien, Indien und China erste Kratzer am Image der Weiblichkeit den drohenden Abwärtstrend an. Sehr viel eindeutiger und ausgeprägter fanden sich diese Tendenzen später in den etwa um 1800 v. Chr. geschriebenen Gesetzessammlungen des babylonischen Königs Hammurabi, die als die ältesten der Erde im Pariser

Louvre besichtigt werden können, sowie in den Schriften Moses wieder und fielen auf fruchtbaren, nunmehr patriarchalischen Boden. Allerlei verschiedene Thesen und Vermutungen spekulieren über die wahren Untergangsursachen großer Mutterzivilisationen. Sie reichen von der Erfindung des Pflugs über die »Entdekkung« der Vaterschaft bis hin zu der Annahme, die Notwendigkeit des Waffengebrauchs auf der Jagd habe die männliche Aggressivität dermaßen gesteigert, daß sie sich auch gegen Frauen richten mußte. Ebenso wahrscheinlich werden die emotionalen Folgen der Entstehung des Privateigentums ihren Beitrag geleistet haben.

Längst hatte »man« entdeckt, daß nicht nur durch Beackerung des Bodens, sondern auch mittels Viehzucht und Handel vermehrter Wohlstand erreicht werden konnte. Längst hatte sich ein völlig neues, maskulines Gefühl für Reichtum und Besitz entwikkelt, für Eigentum, das Väter verständlicherweise nur an eigene Kinder weiterzugeben wünschten. Daraus muß ein neues Familienzusammengehörigkeitsgefühl entstanden sein, denn Eigentum verbindet. Die neuentwickelten Besitzansprüche übertrugen sich auf die Erben sowie deren Mütter. Und so schien es allmählich notwendig, Frauen zu kontrollieren. Die sexuellen Freizügigkeiten der matrilinearen Gesellschaften mußten tabuisiert, neue Vorbilder und Ideale geschaffen und den widerspenstigen Gegnerinnen die Basis der Macht, die offizielle Anerkennung, entzogen werden.

Neben Terror und Gewaltanwendungen machte man sich ans Werk, Mythen, jene Informationsquellen, an denen die frühen Menschen ihr Zeit- und Weltbild orientierten, gezielt umzuarbeiten, um die angestrebte Wende für jedermann plausibel und nachhaltig rechtfertigen zu können. Hier ein paar typische Beispiele:

Lange Zeit huldigten die Griechen der Dreifaltigkeitsgöttin Hera. Unter ihrer Schirmherrschaft soll es eine 300jährige Friedensphase gegeben haben, denn die Archäologen konnten keinerlei Waffen finden. Harmonie, die erst ein abruptes Ende fand, als fremde Stämme ins Land fielen und Heras Souveränität in Frage stellten. Obwohl ihre formelle Verehrung – vermutlich des Erntesegens wegen – weiterhin gestattet blieb, wurden Priester und Anhängerinnen verfolgt, gefoltert und gezwungen, Zeus die

Treue zu schwören. Letztlich wurde dieser zum allgewaltigen Hauptgott erhoben, Hera aber zu seiner zwar zänkisch-aufmüpfigen, dennoch stets unterlegenen Ehefrau degradiert.

Nicht viel besser erging es der Artemis des Neumondes. Ihr wiesen die Landeseroberer den schlichten Titel »Jägerin« zu, eine Herabsetzung, die den Athenern und Böotiern absolut nicht behagte. Sie verlangten, ihre Göttin wieder mit den altvertrauten Namen anrufen zu dürfen, was schließlich auch gewährt wurde; allerdings nun im Rahmen einer abgeänderten mythischen Version: Die von ihrer eigenen Mutter verstoßene Artemis habe sich hilfesuchend an Zeus gewandt, der sie daraufhin gnädig aus seinem Kopf wiedergebar.

Weiter südöstlich schickte man sich gleichfalls an, manipulierte Erzählungen zugunsten der Männerdominanz zu verbreiten, um mondisches Frauentum gezielt zu diskreditieren. So tauchten in Ägypten Gerüchte auf, Sonne Ra habe Mutter Hathor entthront, während die sumerische Göttin Namu angeblich sogar ihr Geschlecht umwandeln ließ, um ihrem männlichen Enkel Enlil möglichst ähnlich zu werden.

Nichts könnte jene gewaltige kulturelle Umwälzung besser veranschaulichen als die schlichte Gegenüberstellung der alten Lobeshymne an Mondgöttin Inanna, einstige Mutter und Beschützerin aller sumerischen Könige, und ihrem späteren Mythos, der von ihrer und damit aller Frauen Demütigungen berichtet, indem sie während des Schlafs von Schukellituda vergewaltigt wurde und für immer befleckt war.

Auch durch entheiligte Sexualität ließ sich also eine Fußangel gegen weiblich-mondische Leuchtkraft auslegen, welche sich im folgenden Geschichtsverlauf als äußerst wirksam erweisen sollte.

Je mehr sich das Patriarchat zu behaupten vermochte, desto eindeutiger traten männliche Gottheiten in den Vordergrund. Und wurden ihren weiblichen Konkurrentinnen zunächst noch Geliebte oder Söhne angedichtet, von denen sie konsequent in den Hintergrund gedrängt wurden, so hatten sich zwischen 600 v. Chr. und 600 n. Chr. alle patriarchalischen Religionen durchgesetzt und die große Muttergöttin bis auf wenige Ausnahmen verdrängt. Jetzt stand die griechische Philosophie in voller Blüte, Buddha lehrte in Indien, Lao Tse und Konfuzius wirkten in

China, und die Jahwe-Propheten Israels wetterten drohend gegen jedes heidnische Götzentum. Beinhaltete die wesentlichste Aussage aller weiblichen Mondreligionen einst, daß Liebe stets stärker als der Tod sei, wobei körperliche Zuneigung und sexuelle Lust durchaus mit einbezogen waren, so verstand man es nun, die neuen moralischen Forderungen durch religiöse Gesetze und Gebote geschickt zu fundamentieren.

So nahm die Kunde ihren Lauf, die Götter selbst hätten diese Art Lebensregeln ersonnen, formuliert und einem Auserwählten persönlich übergeben. Tatsächlich ist die Entstehungsgeschichte der christlichen Zehn Gebote weder neu noch einmalig. Schon 500 Jahre zuvor händigte Gott Schamasch dem Hammurabi das komplette, bereits erwähnte Gesetzeswerk für Babylonien aus. Später reichte Dionysos den Griechen huldvoll zwei beschriebene Tafeln herab. Im 7. vorchristlichen Jahrhundert vertraute die göttliche Egeria dem König Numa Pompilius die Gesetze für Rom an, während Zarathustra von Gott Ahura Mazda, gleich Mose auf einsamer Bergspitze, das vollständige »Buch des Gesetzes« für Persien empfing. Allmählich galt alles als »unrein«, was mit Tod, Geburt oder Geschlechtsverkehr in Zusammenhang stand. Wöchnerinnen und menstruierende Frauen wurden gemieden, mußten erst intensive Waschungen vornehmen und feste Reinigungszeiten einhalten, ehe sie sich wieder unter andere Menschen wagen durften.

Aber weiblicher Widerstand wuchs. Läßt sich die Existenz revoltierender amazonischer Frauenstaaten auch nicht hieb- und stichfest beweisen, so kann die Matriarchatsforschung dennoch davon ausgehen, daß eine beträchtliche Anzahl von Frauen den Umschwung gewaltsam zu verhindern bzw. rückgängig zu machen suchte. Gewohnt, den Ton anzugeben, strebten viele von ihnen weiterhin den vertrauten Leitbildern ihrer Göttinnen nach, aus deren Mythen wir wissen, daß diese sich gleichfalls zielstrebig, notfalls mit entsprechender Härte, durchzusetzen pflegten. Vermutlich ging es den Kämpferinnen weniger um rächende Vergeltung als vielmehr um die offizielle Wiedereinsetzung jener Mondgottheiten, denn »frau« war überzeugt, kraft deren Rehabilitation den eigenen Status wieder verbessern zu können. Religionskriege.

Nebulöse Überlieferungen erzählen von weiblicher Rebellion in Asien, Indien, Afrika, Italien, Nord- und Südamerika, auf den Südseeinseln und in Griechenland sowie im alten Gallien, das sich einst zwischen Rhein, Alpen und Pyrenäen erstreckte – eine Aufzählung, die möglicherweise noch keineswegs vollständig ist.

Dem Ausbruch aus den Männergesellschaften folgte vermutlich der Aufbruch der Frauen in eine neue Heimat. Sie schufen eigene Staaten und eigene, ihnen gemäße Satzungen, trieben Akkerbau und Viehzucht und errichteten Städte. Smyrna, das heutige Izmir in der westlichen Türkei, das ehemalige Cyrene im Nordosten Libyens und Ephesus, dessen berühmter, zu den antiken Weltwundern zählender Artemistempel uns schon begegnete, sind sehr wahrscheinlich ursprünglich von Amazonen gegründet worden.

Eine der uns bekanntesten Gemeinschaften lebte etwa zwischen 1000 und 600 v. Chr. am Schwarzen Meer. Hier regierten sogar zwei Königinnen, von denen die erste als Heerführerin fungierte, während die zweite für innenpolitische Ordnung sorgte.

Obwohl Männer bestenfalls in untergeordneten Positionen geduldet wurden, pflegte »frau« zu den Herren der Nachbarstämme ein »liebevolles« Verhältnis. Ein- bis zweimal jährlich wurden diese zu einem Fest eingeladen, auf dem – so jedenfalls berichtete der schriftstellernde Seefahrer Sir Walther Raleigh – einen Monat lang getrunken, getanzt und geliebt wurde. Waren die Nachbarn schließlich in die eigenen Provinzen zurückgekehrt, so feierten die Frauen ihre Schwangerschaft. Die männlichen Babys mußten später den Vätern übergeben werden.

Amazonen galten als besonders innige Mondverehrerinnen, bedeutet doch die armenische Übersetzung dieses Namens nicht von ungefähr »Mondfrau«. Wie vielen anderen heidnischen Völkern galt ihnen die Mitte der Nacht als wertvollste kosmische Stunde, in der alle entscheidenden Zusammenkünfte und Beratungen abgehalten wurden. Die zyklischen Jahresfeste fanden stets im Silberschein des Vollmondes statt.

Weitere Anhaltspunkte liefern ausgegrabene Ruinenreste von Knossos auf Kreta, eine der respektabelsten jungsteinzeitlichen Siedlungen im Mittelmeerraum. Im 2. vorchristlichen Jahrtausend war Kreta das bedeutendste kulturelle Zentrum der Ägäis.

Zu den mythischen Symbolen zählte die Doppelaxt, in der man über lange Zeiten hinweg ein kriegerisches Symbol zu erkennen glaubte; nach neueren Erkenntnissen scheint es sich allerdings eher um die Darstellung des Mondes zu handeln. Offenbar sollte die rechte Doppelaxtseite den zunehmenden, beide Schneiden den vollen und die linke Seite den abnehmenden Mond symbolisieren. Oder aber die Dreifaltigkeitsgöttin Demeter/Kore/Persephone, die als blühendes Mädchen, lebenspendende Mutter und betagte weise Greisin verehrt wurde. Besonders im ehemaligen Palastbereich stießen Archäologen auf unendlich viele Doppelaxtdarstellungen, die ihrerseits wieder auffallend oft mit labyrinthähnlichen Spiralornamenten verziert sind. Zwischen beiden scheint ein enger Zusammenhang zu bestehen. Labyrinth ist ein griechisches Wort, und die alten Kreter nannten besagtes Symbol »labry«. Welche Bedeutung mögen sie ihm beigemessen haben?

Mondkult, Frauenkulturen, Amazonenstaaten... auch dies ist ein Teil unserer Vergangenheit. Frau und Mond und Macht – ein Stück vergessene Weltgeschichte.

Heute lassen sich nur noch bei Eingeborenen und Naturvölkern wie den Irokesen, Huronen, Hopi und Zuni im Westen und Südwesten der USA, den Nayar und Khasi in Indien, den Mikronesiern auf der Insel Palau, den Miang-kabau-Malayen auf Sumatra, den Tuareg in der Sahara, den Bororo in Brasilien, den Chibcha in Kolumbien sowie bei den Tchambuli in Neuguinea alte, matriarchalische Traditionen finden.

Nicht so in unserer »zivilisierten« Welt; folgende, unlängst der »Neuen Zürcher Zeitung« entnommene Notiz möge dieses Kapitel über die »hohe Zeit der Weiblichkeit« abschließen:

»Nach einer Studie der Vereinten Nationen besteht die Hälfte der Weltbevölkerung aus Frauen; sie stellen ein Drittel der Beschäftigten, leisten aber zwei Drittel der Arbeitsstunden. Trotzdem verdienen sie nur ein Zehntel des Welteinkommens und besitzen nicht einmal ein Prozent der Reichtümer dieser Erde.«

# Isis – die letzte Göttin des Mondes

Isis liebte Osiris, ihren Brudergemahl, der als weiser Herrscher Ägyptens allerorts geehrt wurde. Doch Schwager Seth neidete den beiden das Glück und sann in seinem Herzen nach einer List, Osiris zu töten. Schließlich ließ er nach des Königs Maßen einen prunkvollen Sarkophag anfertigen und lud – von 72 eingeweihten Komplizen umgeben – den Arglosen zu einem Festmahl ein.

Nachdem man ausgiebig gespeist und getrunken hatte, wurde der Sarg in den Saal getragen. Seth verkündete, daß er das edle Stück demjenigen, der hineinpaßte, zu schenken gedenke. Ein Gast nach dem anderen versuchte sein Glück – indessen, niemand hatte die passenden Maße. Sobald sich aber Osiris hineingelegt hatte, stürzten die Verbündeten seines heimtückischen Bruders hinzu, schlugen den schweren Deckel herab, umschlangen den Sarkophag mit starken Tauen, versiegelten ihn mit flüssigem Blei und ließen ihn in den Nil hinab.

Als Isis von der schrecklichen Tat erfuhr, befiel sie tiefe Trauer. Weinend und klagend, nur von der Hoffnung, ihren Liebsten wiederzufinden, beseelt, irrte sie rastlos umher, um seinen Leichnam dann in einem Schilfdickicht des Flußufers aufzuspüren, wo die Göttin – so erzählt die Sage weiter – von dem toten Osiris geschwängert wurde.

Doch Seth ersann eine neue Greueltat. Gewaltsam bemächtigte er sich des gefundenen Leichnams und zerschlug ihn in viele Teile, die er weit über das ägyptische Land verstreute. Wehklagend machte sich Isis ein zweites Mal auf die Reise. Sie suchte ohne Unterlaß, bis alle verlorenen Glieder gefunden waren, die Isis sodann behutsam zusammenfügte, um ihnen durch den zarten Luftzug ihrer Flügel neues Leben zu verleihen. Und Osiris erwachte. Nachdem die Göttin ihren auferstandenen Brudergemahl zum Herrscher des Totenreiches ernannt hatte, zog sie in die entlegenen Sümpfe des Deltas, um Sohn Horus, das Kind ihrer Liebe, in sicherer Einsamkeit ungestört aufzuziehen.

Isis, diese kluge, zuverlässige, tapfere und empfindsame Geliebte, diese treue und trotzdem unabhängige, alleinerziehende Muttergestalt ist wohl die meistverehrte, von Männern wie Frauen meistgeliebte Göttin der Erde. Sie war eine Universalgöttin, die mindestens 4500 Jahre lang die Herzen unzähliger Menschen beseelte und sicher auch tröstete – viereinhalb Jahrtausende, eine Zeitspanne, mit der unsere Weltreligionen wie Christentum, Buddhismus, Islam und Hinduismus nicht konkurrieren können.

Fast fünf Jahrhunderte hindurch konnte sich Isis sogar neben der christlichen Kirche behaupten, der es erst durch die Einführung der Marienverehrung gelang, auch die Gläubigen, die an Göttinnenanbetung gewöhnt waren, für die neue, eigene Lehre zu gewinnen.

Ihre Religion ist heute völlig versunken: Wer kennt sie noch – die letzte Mondgöttin Isis? Ihre Kultentstehungsgeschichte ist unbekannt. Es heißt, sie soll eine Tochter der großen Nout gewesen sein und Osiris schon im Mutterleib geliebt haben. Wohl aber wissen wir, daß die Bedeutung ihres Namens »Feuchtigkeit« ist, was auf eine enge mondische Beziehung hinweist. Tatsächlich wurde Isis in ihrer frühägyptischen Glanzzeit zuweilen mit dem Mond, der Mondin, identifiziert.

Isis als Mutter des Pharaonenlandes: Schon im zweiten vorchristlichen Jahrtausend nahm ihre Religion unzählige andere Kulte auf, wie etwa Titel und Aufgaben der Vorläuferinnen Neith und Hathor, die nun allesamt auf die eine »Allmächtige Mutter« übertragen wurden, deren volkstümliche Beliebtheit sich wie ein heiliges Lauffeuer ausbreitete. Im darauffolgenden Jahrtausend eroberten ihre Mythen, Mysterien und Riten den gesamten Mittelmeerraum. Während Isis zwischen dem vierten vor- und dem vierten nachchristlichen Jahrhundert das geistige Niveau der griechischen Welt entscheidend mitprägte, wurde ihre offizielle Anbetung im 2. Jahrhundert von Kaiser Trajan, unter dessen Herrschaft das Römische Reich seine größte Ausdehnung erfuhr, auch hier eingeführt. Schon lange waren Fortuna, Aphrodite, Athene, Astarte, Hera, Hestia, Demeter und Artemis in der göttlichen All-Mutter-Gestalt verschmolzen, die ihren Gläubigen weitaus mehr als »nur« Heilung oder Erfüllung kleiner irdischer Bitten gewährte: Isis verhieß ewiges Leben.

Wie Osiris lebt, so werden auch wir leben. Wie Osiris nicht umkam, so werden auch wir nicht umkommen, predigte, hoffte, glaubte man. Das Volk bedachte sie mit so liebevollen Beinamen wie »Herrin der Welt«, »Allmächtige«, »Erlöserin«, »Gnade«, »Meeresstern«, »Krone des Lebens«, »Wahrheit«, »Weisheit«, »Liebe« und »Allesschauende«.

In einer überlieferten Schrift heißt es von Isis:

»Als einzige Macht verehrt mich die ganze Welt in zahlreichen Gestalten, in verschiedenen Kulten und unter vielerlei Namen ... Die einen nennen mich Juno, andere Bellona, wieder andere Hekate und noch andere Rhamnusia. Aber die Ägypter und Äthiopier, die über altes Wissen verfügen, ehren mich mit meinem eigentlichen Kult und nennen mich bei meinem eigentlichen, wahren Namen ... ›Die Königin Isis‹ ...«

Es hieß, Isis habe für alles Verständnis, sei großmütig-mild und vermöge, selbst wo Rettung nach menschlichem Ermessen unmöglich erscheine, noch immer zu helfen. Weil sie sich darüber hinaus aber auch zur körperlichen Liebe bekannte, dürfte es kaum schwergefallen sein, ihre Gestalt als Leitstern, als nachahmenswerte Seelenführerin zu akzeptieren. Und deshalb wurde die »Allesschauende« Mutter und Freundin, Schwester und Verbündete, Vorbild und Schutzpatronin zugleich.

Einige Schriften und Riten des Isiskultes sind erhalten geblieben. Seine Anhängerschaft verfügte – ähnlich dem späteren Christentum – über starke Institutionen und Traditionen. Man las in Heiligen Schriften und besuchte prächtige Heiligtümer, in denen Laien, Geweihte, Priester und Priesterinnen Dienste verrichteten. Man sang lange Litaneien, hielt festliche Prozessionen, Andachten und Exerzitien ab und lauschte dem »Allerheiligen Kollegium der Pastophoren«. Um die Göttin zu erfreuen, scheute man keine Kosten und Mühen, um Opfersteine, Skulpturen und Statuen eigens aus Ägypten zu importieren, auf daß die »Herrin der Welt« sich heimisch fühle – so wie ihre Büsten stets in wertvolle Gewänder gehüllt und mit kostbarem Geschmeide geschmückt wurden. Alte Listen geben heute noch über Art und Anzahl göttlicher Kleidungs- und Schmuckstücke detailliert Auskunft.

Jede Priesterin, die während entsprechender Zeremonien eines dieser heiligen Gewänder überstreifte, galt – ähnlich dem Ischtar-

Ritus der uns schon bekannten Hieros-Gamos-Hochzeit – als leibhaftige Verkörperung, als Isis selbst, weshalb Tempelfrauen ihr hohes Amt oft auf Lebenszeit behielten und allerorts höchstes Ansehen genossen.

Schwarze Isis ... Mondgöttin ... Herrin des dunklen Kosmos ... Königin der Nacht ...

Moderne Religionshistoriker vermuten, daß die schwarze Farbe vieler Marienbildnisse nicht etwa durch Kerzenruß oder Kirchenbrände zu erklären sei, sondern auf eine Verehrung der vorchristlichen Muttergottheit hindeute, die ihrer kosmischen Natur und geheimnisumwobenen Herkunft gemäß zumeist nachtfarben dargestellt wurde.

Eigenartigerweise gelten heute oftmals gerade die dunklen Madonnen als besonders wundertätig. Bekannte Wallfahrtsorte ziehen nach wie vor Besucherscharen an: wie etwa das französische Orléans, wo die »Notre Dame de la Recourance« in unheildrohenden Zeiten wie eh und je durch die Straßen getragen wird; desgleichen die schwarze Frau mit Kind im spanischen Montserrat oder die dunkle, aufrecht auf einer Mondsichel stehende Gestalt der vielgepriesenen Madonna im schweizerischen Einsiedeln. Der Gedanke drängt sich auf, daß wir in der Jungfrau mit dem Jesuskind eine domestizierte Form der altägyptischen Mondgöttin mit dem Horusknaben vor uns haben.

Aber zurück in die Vergangenheit: Mit dem Wunsch, Isis möge überlegener und mächtiger als alle übrigen Gottheiten sein, wuchs die ägyptische Legende von ihrer erfolgreichen List, den starken Sonnengott Ra an weiblich-magischer Macht zu übertrumpfen.

Nichts blieb der großen Zauberin verborgen – nur den wohlgehüteten Namen des Ra kannte sie nicht, ein Geheimnis, das ihr den Anspruch auf einen großen Teil des Universums verwehrte. Deshalb ersann Isis einen Plan. Emsig den sonnengöttlichen Speichel sammelnd, schuf sie eine mit Erde vermischte Schlange, die sodann auf dem Pfad, den Ra alltäglich zu beschreiten pflegte, freigelassen wurde. Wie zu erwarten war, biß die Schlange in des Gottes Fuß, der unter starken Schmerzen um Hilfe rief. Jetzt mischte sich auch Isis unter die Herbeieilenden und bot freundlich ihre Heilkünste an, welche allerdings – so erklärte sie dem Leidenden mit Nachdruck – nur zu helfen vermochten, wenn sie während der Ausführung des Rituals seinen wahren Namen gebrauche. Natürlich schwieg Ra zunächst standhaft. Als die Schmerzen aber nahezu unerträglich schienen, lüftete er sein Geheimnis und wurde geheilt. Von dieser Stunde an, so erzählte das Volk triumphierend weiter, besaß Isis eine Zaubermacht, die der des Sonnengottes weit überlegen war.

Wo immer die »Erlöserin der Welt« verehrt wurde, kannten die Menschen Feste, an deren Zeremonien auch Frauen in aller Selbstverständlichkeit teilnahmen. Dabei gehörte das Wassersprengen, ein mit der Bitte verbundenes Opfergeschenk, die Erde gleichsam mit kostbarer Feuchtigkeit zu versorgen, sowie das Sistrumspielen zu den weiblichen Obliegenheiten. Unter Sistrum versteht man ein altägyptisches Klingelinstrument, auf dessen Handgriff kleine eingesetzte Metallscheiben bei jeder Bewegung Töne erzeugten, die in den Ohren der Gläubigen offenbar besonders göttinnengefällig, erhebend und würdevoll klangen.

Eine Spitzenstellung unter den Feierlichkeiten nahm das Novemberfest zum Todes- und Auferstehungsgedenken des Osiris ein. Ganze drei Tage widmeten sich die Gläubigen diesem Mysterium, in dem sein Sterben, die schmerzhafte Suche des Leichnams, die glückliche Wiederauffindung und wundersame Neubelebung dargestellt wurden. Um die Macht des Erstandenen gebührend zu demonstrieren, trugen Auserwählte einen riesigen Holzphallus durch die Straßen, von dem es heißt, daß er bei manchen Prozessionen stolze 30 Meter hoch gewesen sein soll – ein erigiertes Glied als Sinnbild der Schöpferkraft, als Symbol der Fruchtbarkeit, als triumphierendes Zeugnis, dessen Botschaft lautet: Das Leben existiert – dank Treue und Kraft der großen Isis – auch nach dem Tode weiter.

Doch wie die Freude zählt auch Traurigkeit zu den Bestandteilen irdischen Daseins. Wer denken, empfinden und fühlen kann, wird seine Seele vor Kummer nicht bewahren können. Als Isis vom Verschwinden und Tod des Osiris erfuhr, schnitt sie sich eine ihrer Locken ab und legte Trauerkleidung an; an niemandem ging sie vorbei ohne ihn anzureden – und genauso zogen Hinterbliebene, um den geliebten verlorenen Menschen klagend, durch die Straßen, ließen ihren Gefühlen ungehemmten Lauf, bezogen möglichst viele Mitbürger in die eigene Trübsal ein. Man weinte sich aus und erhielt deshalb von der Umwelt sicherlich sehr viel mehr seelischen Beistand als wir heute, die wir Gram und Tod am liebsten aus unseren Vorstellungen verdrängen möchten.

Weitaus drastischer ging es bei offiziellen Volkstrauerzeiten, wie etwa nach dem Tode eines Königs, zu, deren überlieferte Riten wahrscheinlich auch für die Osiris-Novemberzeremonien galten. Man scherte sich die Haare, zerriß die Kleider, verschloß die Heiligtümer. Man beschränkte sich auf ein Minimum an Nahrung, entsagte dem Wein, dem Luxus wie jeglicher Bequemlichkeit und enthielt sich aller Liebesfreuden; zusätzlich war es mancherorts üblich, den eigenen Kopf mit Kot zu bestreichen. So berichtete der griechische Historiker Dio Cassius, wie der römische Rechtsgelehrte Gaius im zweiten Jahrhundert einen Mann, der es trotz offizieller Trauerzeit wagte, warmes Wasser zu verkaufen, als gemeinen Frevler hinrichten ließ.

Fröhlicher verliefen die alljährlichen Märzfeste, in deren Verlauf das Volk die Göttin zum Meeresstrand geleitete, um Schutz und Segen für die Schiffahrt zu erbitten.

Wenn wir alten Überlieferungen glauben dürfen, wurden solche Prozessionen von verkleideten Menschen wie auch Tieren angeführt. In reines Weiß gehüllte, blumenbekränzte Frauen streuten Blüten und edle Duftwasser aus. Das Heer der Frommen schloß sich mit leuchtenden Lampen und Fackeln an, wobei die Damenwelt Kopftücher trug, während sich die Herren der Schöpfung kurzgeschoren oder gar kahlköpfig präsentierten. Den krönenden Abschluß bildete die von Instrumentalmusik und Chorgesängen umtönte, ein Bildnis der Himmlischen Mutter vor sich hertragende Priesterschaft.

So erreichte der Menschenzug den Strand, wo ein mit ägyptischen Bildmotiven geschmücktes Schiff vor Anker lag. Nachdem es feierlich geweiht und mit kostbaren Parfümölen besprengt worden war, ließ man es von unzähligen Wünschen und Bitten begleitet ins Meer hinaustreiben.

Hatten sich seine Konturen am Horizont verloren, zogen die Massen zurück zum Tempel, vor dem sie geduldig ausharrten, bis der Tempelschreiber aus den Toren trat und mit lauter Stimme Heil dem König, dem Obersten Rat, dem Volk nebst allen Schiffern und Schiffen verkündete. Nun galt die Seefahrt offiziell als eröffnet.

Neben Isis wurden Horus und Osiris verehrt; letzterer gilt als bekanntester und beliebtester ägyptischer Gott, denn mit seinem Schicksal konnte sich jeder Traurige, Enttäuschte oder Verratene leicht identifizieren.

Osiris – mehr ein wegweisender göttlicher Bruder als eine gefürchtete Herrscherfigur? Dabei galt Osiris den frühen Nillandbewohnern zunächst eigentlich als abstrakte, nicht personifizierte Kraft, die man in der Flora und in Fruchtbarkeit von Mensch und Tier verkörpert glaubte. Diesen Zeiten entstammte vermutlich der Brauch, aus mit Getreidekörnern vermengtem Nilschlamm Osirisfiguren zu formen. Sobald die Samen zu sprießen begannen, stutzte man einen den göttlichen Umrissen gleichenden Busch, der liebevoll gepflegt oder als Miniatur-Heiligtum vor den Kultstätten feilgeboten wurde.

Auf einem der gut erhaltenen Reliefs des Tempels von Philae, die man auf der Insel Agilka in der Nähe des oberägyptischen Assuan besichtigen kann, lassen sich deutliche Konturen einer Osirisdarstellung erkennen, deren austreibende Kornhalme von einem Priester begossen werden. Und sogar noch in unseren Tagen pflegen die Ägypter Linsen in feuchter Baumwolle keimen zu lassen. Letztes Relikt jenes mondgöttlichen Fruchtbarkeitskultes?

Je weiter sich dieser verbreitete, desto mehr männliche Gottesvorstellungen wurden auf Osiris übertragen: Während noch in der 5. Dynastie nur der tote König mit Osiris identifiziert wurde, wurde diese Vorstellung im Lauf der Zeit popularisiert: Nun galten ganz allgemein alle Verstorbenen als »in Osiris Verwandelte«. Darüber hinaus glaubte man, ihn in Naturerscheinungen, wie im Orion des Südens, und ganz besonders in den beständig wiederkehrenden Wechselspielen des nachterhellenden Silbermondes wiederzuerkennen. Tatsächlich existieren zahlreiche Inschriften, die den Bruder-Gatten der Isis als den »Herrn des Mondes« oder als »Großen Hasen« bezeichnen. In einem der Mythen, nach denen er so grausam von Seth zerstückelt wurde, heißt es gar, Isis habe 14 Leichenteile suchen müssen, was exakt den 14 abnehmenden Mondnächten entspräche. Noch Plutarch, der im Jahrhundert n. Chr. lebte, weiß von der Verbindung von Isis und Osiris zum Mond, der »Mutter der Welt«, zu berichten – ein Beweis für die Langlebigkeit von Mythen.

Die Eingeweihten liebten Osiris als Schutzpatron aller geistigen Reifeprozesse, als symbolhafte Verkörperung der Todesüberwindung, als zuverlässigen Garanten für die Unsterblichkeit der eigenen Seele. Und dennoch, trotz aller ehrenvollen Titel wie »Höchster der Größeren«, »Höchster Gott der Väter« oder »Unbesiegter«, blieb Isis allein unbestreitbarer Mittelpunkt aller frommen Herzen; so wie sich die Bekenner dieser Religion auch nicht nach ihm, sondern nach ihr, nämlich »Isiaci« benannten.

Nicht viel anders erging es Horus, von dem jeder wußte, daß er sein Richteramt über die Toten nebst allen oberweltlichen Herrscherwürden allein seiner mächtigen Mutter zu verdanken hatte. Um der Autorität des jeweils amtierenden Pharaos mehr Gewicht zu verleihen, prägte die Priesterschaft den Untergebenen ein, jeder lebende König Ägyptens sei gleichfalls als wiedergeborener Isissohn zu verehren.

In der Tat mußten Pharaonen lange Epochen hindurch von einer Isispriesterin geboren worden sein, um den Horus-Titel und alle damit verbundenen Machtbefugnisse beanspruchen zu dürfen. Auch Horus – obwohl allgemein als Sonnengott oder Sohn des Ra bezeichnet – wurde mit dem Mond assoziiert. Einige seiner ältesten Anreden lauteten »Herr der Verwandlungen«, »Alter Mann, der wieder ein Kind wird« oder »Der sich selbst erneuert und wieder jung wird«. Seine Ehrenfeste wurden pünktlich zum Neumond gefeiert.

Abschließend sei noch das Horusauge erwähnt, das in der ägyptischen Glaubenswelt eine wichtige Rolle spielte und als heiliges Zeichen Amulette und Schmuckstücke zierte. Horus habe es, so hieß es in einer anderen Legende, aus freiem Willen zugunsten seines Vaters geopfert, damit dieser unversehrt zurückkehren könne. Nun leuchte es den Menschen als Nachtlicht, das zwar von einem bösen Wesen regelmäßig verwundet, aber dank einer guten Macht immer wieder geheilt werde.

In ganz Europa und in Nordafrika stieß man auf Funde, die von der einstigen Macht und Popularität der Großen Isis zeugen. Verblichene Votivtafeln, verfallene Kultstätten, unzählige Figuren und Statuetten wurden in Spanien, Deutschland, Frankreich, den Donauländern und England entdeckt – in London grub man gar einen ihr geweihten Tempel aus. Es gibt noch viele Plätze, deren hochbetagte Steine dem aufmerksamen Betrachter an Ort und Stelle vom Wirken der »Allmächtigen« erzählen können.

Im Römisch-Germanischen Museum von Köln befindet sich eine in eine Säule eingearbeitete Isisstatue – wenn auch freilich ohne Kopf. Sie wurde in der St.-Ursula-Kirche entdeckt. Ob sie ihre Enthauptung dem Zahn der Zeit oder dem Hammerschlag eines »Rechtgläubigen« zu verdanken hat, wird heute wohl niemand mehr mit Bestimmtheit sagen können, aber die alte, unübersehbare Inschrift »Isidi Invicte«, die übersetzt soviel wie »der unbesiegten Isis« heißt, wagte bisher offenbar niemand auszulöschen. Weitere gut erhaltene Skulpturen und Tempelreste kann man im östlich von Neapel gelegenen Benevent und im Heimatland der Isis, in Ägypten selbst, besichtigen.

So schließen die Ruinenstätten von Behbet el-Higara, nahe dem unterägyptischen El-Mansura, etliche Trümmerhaufen ein, die in all ihrer Brüchigkeit dennoch imposant wirken und noch die ganze Pracht und Herrlichkeit damaliger Bauten ahnen lassen. Sie bestehen aus rotem und grauem, aus dem Ausland importierten Granitgestein. Hier nun ragen einige vermutlich aus der 30. Dynastie stammende Reliefs heraus: Da bringt ein König vor der Isisbarke andächtig sein Räucheropfer, während die gehörnte Göttin, beidseitig von je einem geflügelten Wesen umgeben, hoheitsvoll auf einer Lotusblume thront. Dort, wo Kenner den ehemaligen Eingang des Heiligtums vermuten, stößt man auf eine große, mit roten Adern durchzogene Platte. Auch sie zeigt die Darstellung eines Pharaos, der dem Isis-Osiris-Paar respektvoll Ackerland anbietet. Noch berühmter sind die Tempelreste nahe Assuan, auf der oberägyptischen Insel Agilka. Auf einem besonders gut erhaltenen Torgebäude, einem Pylon, der 45 Meter in der Breite und 18 Meter in der Höhe mißt, können Touristen an der östlichen Turmvorderseite ein riesiges Bildnis des Pharaos Ptolemaios XII. sehen. Lässig packt er mit einer Hand gleich eine ganze

Feindesschar an den Haarschöpfen und holt mit der anderen zum kraftvollen Schlag aus, während ein Stückchen weiter in friedlicher Eintracht Isis, Horus und Hathor sitzen. Etwas höher überreicht der augenfällig erfolgreiche Ptolemaios dem Horus und der Nephthys die ober- und unterägyptischen Kronen, um anschließend der Isis zu opfern. Und ganz in der Nähe stößt man auf das sogenannte »Geburtshaus«. Hier lassen sich sehr deutlich vier eine Isisbarke tragende Priester erkennen, vor denen ein räuchernder König majestätisch einherschreitet. Die Bilder der hinteren Räume zeigen Szenen aus der Kindheit des Horus.

Natürlich wurden auch auf Philae Gottheiten wie Osiris, Nephthys, Hathor, Chnum und Satet verehrt, aber der Isistempel galt als das erklärte Hauptziel aller Pilger. Zahlreiche Inschriften beweisen, daß nicht nur Ägypter, sondern ebenso griechische und römische Gläubige scharenweise die strapaziöse Reise auf sich nahmen, um ihrer geistigen Mutter zu huldigen oder Wünsche vorzutragen.

Auf Philae konnte sich ihr Kult am längsten halten. Selbst als die anderen »heidnischen« Tempel des Landes längst verlassen waren, herrschte hier noch immer emsige Betriebsamkeit, wobei ihr die Nubier aus dem nordöstlichen Afrika besonders intensiv und ausdauernd die Treue gehalten haben sollen.

Wie auf allen Kultplätzen der Erde, so waren auch hier die Wände und Mauern von eingemeißelten Bitten und Danksagungen gleichfalls übersät. Der jüngste Text stammt aus dem Jahre 473 n. Chr. 87 Jahre später wurde das Heiligtum endgültig seiner offiziellen Bestimmung enthoben; und bald schon machten sich die »neuen Gläubigen« ans Werk, einzelne Räume für christliche Gottesdienste umzugestalten.

In unseren gängigen Nachschlagewerken ist nicht mehr viel über Isis nachzulesen; sie wird in wenigen Zeilen charakterisiert als ägyptische Göttin, Gemahlin und Schwester des Osiris, Mutter des Horus; oft als Frau mit Kuhhörnern dargestellt, zwischen denen die Sonne steht; ihr Kult wurde im Römischen Reich der Spätzeit gepflegt. Wie aber lassen sich diese Mondhörner mit der Sonnenscheibe vereinbaren?

Tatsächlich werden in vielen Publikationen die meisten runden Scheiben, welche auf den Häuptern ägyptischer Gottheiten prangen, als Sonnenscheiben bezeichnet – mit Ausnahme der des Chons, dem man einen runden Vollmond zugesteht. Es heißt, man habe sich den Himmel dereinst als gewaltige, allesnährende Kuh vorgestellt, zwischen deren immensen Hörnern die Sonne auf einer Barke spazierenfahre und die Welt erleuchte. Isis, so läßt sich nachlesen, habe Sonne und Kuhhörner der Verschmelzung mit Göttin Hathor zu verdanken.

Einige Forscher lehnen diese Interpretation ab. Kuhhörner, ähnlich zwei zunehmenden Sicheln, galten seit alters her als Neumondsymbole und kennzeichneten Fruchtbarkeitsgottheiten, zu denen auch Hathor zählte. Assoziationsketten wie Hörner – Mond – Feuchtigkeit – Fruchtbarkeit gehören seit Menschengedenken zusammen. Warum aber sollten Göttinnen, die seit ältesten Zeiten mit dem Mond verknüpft wurden, nicht mit diesem ihrem eigenen Emblem gekrönt werden? Im übrigen unterscheidet sich die Scheibe des Chons in nichts von den angeblichen Sonnendarstellungen der anderen Hoheiten; Aton hingegen, der den Sonnengott verkörpert, ist – eindeutig identifizierbar – immer mit unübersehbar langen Strahlenhänden geschmückt.

Kehren wir nochmals zu Isis zurück. Ihr Name ist verwandt mit dem des Sirius, einem Riesenstern, den die frühen Ägypter für den absoluten Mittelpunkt des Sonnensystems hielten. Wir wissen heute, daß die spezifische Masse des Sirius 53 000mal größer als die unseres Wassers ist. Wenn es tatsächlich einen geheimen Allmittelpunkt, eine Zentralsonne, um die sich alles dreht, gäbe, dann könnte es den Vermutungen der ägyptischen und einiger moderner Astronomen nach ebendieser Riesenstern sein: Isis, Sirius, der hellste Fixstern des Himmels im Sternbild Großer Hund – nach dem Glauben der Ägypter unsere Urmutter.

Viele Fragen sind es, die noch offenbleiben. Unschätzbares Wissen ist verlorengegangen. Aber wenn man sich mit dem, was uns bis heute erhalten geblieben ist, ernsthaft beschäftigt, kommt man nicht umhin, über Weisheit und Kenntnisse der vergangenen Kulturen zu staunen. Es wäre überheblich zu glauben, daß nur unsere Religionen, nur unsere Gedanken und Vorstellungen von Gott und der Welt richtig und wahr sind. Glaubenslehren und Weltbilder kommen und gehen.

# Die Göttin und Maria – Mond und Kirche

Die meisten Kulturen hofften von jeher, nach dem Tod eine weitere, möglichst bessere Welt vorzufinden; Kollektivwünsche, denen auch die vorgeschichtlichen Religionen reichlich Rechnung trugen. Warum konnte schließlich gerade das Christentum, eine ursprünglich kleine und kaum beachtete Minderheit, alle alten Lehren übertrumpfen?

Viele Religionswissenschaftler und Historiker glauben, daß das römische Imperium selbst mit seinem Eroberungswahn und seinen Kriegszügen in alle Ecken der damals bekannten Welt nicht unbeträchtlich für eine Durchsetzung der christlichen Lehre verantwortlich zu machen ist. Die römischen Kaiser weiteten ihre Herrschaft aus. Das Reich des Augustus erstreckte sich von der Nordsee bis zum afrikanischen Sudan, vom Atlantischen Ozean bis zur Krim und verzeichnete etwa 54 Millionen Untertanen; unter Trajan erreichte das römische Territorium seine maximale Ausdehnung.

Auch wenn die Römer sich in puncto Glaubensbekenntnis tolerant verhielten, indem sie fremde Götter und fremde Kulte gelten ließen, so unterjochten und drangsalierten sie doch die eroberten Völker. Die Kaiser der folgenden vier Jahrhunderte wurden ohne Ansehen ihrer Person oder ihres Charakters als göttlich verehrt und von straff durchorganisierten Soldaten- und Beamtenheeren unterstützt, die in der Machterhaltung der Römer ihre eigenen Rechte und Privilegien gesichert glaubten. Entsprechende Repressalien gegen die Bevölkerung, Unterdrückung und Terrorisierung waren an der Tagesordnung. Die Grundbesitzer verlangten so hohe Abgaben, daß den Bauern nur noch das Allernötigste zum Leben blieb und sie sich quälen und schinden mußten. Auch die alten Götter schienen besiegt. Würden sie sonst solches Unrecht zugelassen haben?

Durch ausgedehnten Handel, durch Truppenverschiebung und Umsiedlung vermischten sich bald die unterschiedlichsten

Stämme, und viele verschiedene religiöse Ansichten und Einsichten prallten aufeinander; das Bedürfnis nach einer übergreifenden, verbindenden und nicht trennenden Religion wuchs.

Das junge Christentum wies alle Voraussetzungen dafür auf, diese Lücke auf Dauer zu schließen. Es führte den Begriff von Schuld und Sühne ein und suggerierte so die persönliche Verantwortung des einzelnen für alles Unglück; das sprichwörtlich »schlechte Gewissen« – auch ein neuer Terminus – war die Folge und das schuldbewußte Streben des Individuums nach Demut, Bescheidenheit, Sündenerlösung und einem von Nächstenliebe geprägten Lebenswandel.

Das sprichwörtliche Bibelzitat »Wenn dir jemand einen Streich gibt auf die rechte Backe, dann halte ihm auch die andere hin« aus dem 5. Kapitel des Matthäus-Evangeliums kolportierte eine Ideologie der Selbstlosigkeit, die der Obrigkeit nur recht sein konnte. So fanden auch die legendären Christenverfolgungen, 249 n. Chr. von Kaiser Decius eingeleitet, zu Anfang des 4. Jahrhunderts unter Konstantin ein Ende, dem man eine plötzliche Bekehrung durch seine Mutter nachsagte. Wahr oder nicht, die Erkenntnis, daß die Christen als eher harmlos und antirevolutionär einzustufen waren, wird wohl die Entscheidung mitgetragen haben. Das Christentum schien, wenn man es geschickt anstellte, dazu angetan, den Staat bzw. das Reich dauerhaft zu stützen.

Und so machte sich die junge Kirche daran, ihre Gemeinschaft zu zementieren und zu erweitern. Jede größere Stadt erhielt ihren Bischof – das bedeutet soviel wie »Aufseher« –, der zumeist als Sohn wohlhabender und einflußreicher Familien für die Obrigkeit ein wichtiges Verbindungsglied zum Volk darstellte. Diese Bischöfe lehrten ihre Schäfchen später, für die amtierenden »Alleinherrscher nach dem Willen Gottes« zu beten und auch zu kämpfen; doch sah sich die Kirche zunächst in der Abhängigkeit des Staates, so wuchs ihre Macht bald, und es ging in den nachfolgenden Jahrhunderten immer wieder um die Frage, welche Institution die mächtigere, wer wem zu unterstellen sei.

Das erklärte Ziel war, die Menschen zu bekehren und zum wahren, rechten, alleinseligmachenden Glauben zu führen. Vom Papst beauftragte Mönche und Wanderprediger begannen, »unwissende Heiden« eines Besseren zu belehren. Daß die Kirche in der Wahl ihrer Mittel nicht zimperlich war, wenn sich die zu Missionierenden bekehrungsunwillig zeigten, beweisen hinreichend die Kreuzzüge.

Die alten Religionen erloschen also nicht, weil sie etwa untauglich geworden waren oder den Menschen nichts mehr zu geben vermochten, sondern weil sie mit Brutalität und Gewalt unterdrückt wurden. Subtiler und raffinierter kalkulierte der Klerus mit dem Machtmittel der Schrift. So besteht die Bibel nach jüngeren Forschungen nicht aus fixen, einmal aufgenommenen Texten, sondern aus Schriften, deren Wortlaut und somit Inhalt wieder und wieder überarbeitet, sprich: korrigiert wurde. Es wurde weggelassen, was mit der Kirchenlehre nicht konform ging, und hinzugefügt, was ihr nützen konnte, und so lesen wir heute eine ganz andere Heilige Schrift als das junge Christentum. Neue Auslegungen, Dogmen und Lehrmeinungen machten für die geistliche Obrigkeit diese Maßnahmen nötig.

Schrift als Machtinstrument – dieses Mittel, um Druck und Gewalt auszuüben, kam keineswegs erst mit Gutenbergs Erfindung des Buchdrucks auf; die Anfänge sind in den manipulierten Texten der Bibel zu suchen, die gerade im Alten Testament den Gläubigen mit einem zornigen und strafenden Gott drohten.

Kannten auch die heidnischen Religionen schon zürnende Götter, die sie durch Bitten und Opfergaben milde zu stimmen suchten, praktizierten auch die Gläubigen der Großen Isis schon Beichte und Buße, so bleibt das gezielte Erzeugen von Furcht doch eine typisch christliche Maßnahme; sicher mit Bedacht – denn das Thema Sterben berührt den sensibelsten Punkt der menschlichen Seele. Wer aber Angst hat, wird lenkbar.

Ernest Jones, Psychoanalytiker, Freund und Schüler Sigmund Freuds, zeigt im Verhältnis Mensch – Religion noch einen weiteren interessanten Aspekt auf: ein sich langsam einschleichendes Abhängigkeitsverhältnis, das einer streng autoritären Vater- bzw. Eltern-Kind-Bindung gleichgestellt werden könne – liebevoller Beistand als Belohnung für Gehorsam, züchtigende Strafe als Vergeltung bei Unfolgsamkeit.

Unsere heidnischen Vorfahren erlebten religiöse Empfindungen vermutlich jedoch nicht so zwanghaft und repressiv. Sie konzentrierten sich nicht auf einen Gott, sondern verehrten – schillernd und vielförmig wie das Leben selbst – verschiedenste Götter und Göttinnen zur gleichen Zeit.

Das brachte Vorteile. Schien sich der Zorn einer bestimmten himmlischen Hoheit entzündet zu haben, so konnte noch stets auf die hilfreiche Gunst einer anderen gehofft werden: eine Art seelische Rückendeckung, die vor Gefühlen der absoluten Abhängigkeit und demutsvollen Selbsterniedrigung bewahrte. Während der christliche Gott vollkommen und unantastbar war, gestand man den heidnischen Götzen menschliche Schwächen und Fehler zu.

Wie zu erwarten, lebte heidnisches Gedankengut in vielen beliebten Volksfesten und Bräuchen munter weiter. Die Kirche verfiel auf eine wirklungsvolle Strategie:

»Wenn die Tempel gut gebaut sind, ist es notwendig, sie vom Dämonenkult zum Dienste des wahren Gottes umzuwandeln ... so muß jedes Fest zu Ehren ihrer Götzen ... in ein anderes umgeformt werden«, erkannte Londons Bischof Mellitus im 6. Jahrhundert.

Es ist in der Tat erstaunlich, wie konsequent die Kirche vormals heidnische Kulte nicht etwa abschaffte, sondern Feier für Feier in ihrem Sinne änderte und vereinnahmte. An dieser Stelle sei nur an den mütterlich-mondischen Urkern des Osterfestes erinnert.

Schon in prähistorischer Zeit, in weit voneinander entfernten Religionen und Kulturkreisen, feierten die Menschen zum Frühjahrsbeginn das Prinzip der sichtbar werdenden Erneuerung und Wiedergeburt. Beweinten die Isis-Getreuen den Tod des Osiris, klagte man in Babylonien und Syrien um Tammuz, trauerten unzählige Gläubige um Adonis, während im antiken Kleinasien die nächtlichen Attis-Zeremonien abgehalten wurden, so folgten dem stets – zumeist zum Vollmond – laut umjubelte Wiederauferstehungskundgebungen. Der Mythos von Tod und Auferstehung ist uralt und bei weitem keine christliche Erfindung.

Der Ostertermin fällt pünktlich auf den ersten Vollmond nach der Frühlings-Tagundnachtgleiche bzw. auf das darauffolgende Wochenende. Es stellt sich die Frage, warum sich die katholischen Oberhäupter, 325 in Nizäa, bei der Bestimmung dieses so wichtigen Datums, an dem sich alle beweglichen liturgischen Jahreshöhepunkte gleichfalls orientieren, ausgerechnet nach der lunaren

Phase richteten – weil die nächtliche Feier des jüdischen Passah-Festes ebenfalls auf den Frühlingsvollmond fiel? Oder ahnten sie, daß dem Volk die verehrende Mondguckerei ohnehin nicht ausgetrieben werden konnte?

Bis weit in das Mittelalter hinein maß man dem Mond göttliche Kräfte bei, bat ihn in sämtlichen Notsituationen um Hilfe, verneigte sich ehrfurchtsvoll ... eine wahre Gefahr für die monotheistische Christenlehre. Deshalb versuchte man zunächst, auch Luna zu christianisieren. Und so lautete der erste Satz der urchristlichen Hexaemeranexegese: »Diese Lichter, Sonne und Mond, sind Träger und Bilder eines großen Mysteriums. Die Sonne nämlich ist das Bild Gottes, der Mond das Bild des Menschen.«

Auf Dauer erwies sich diese Interpretation jedoch als nicht befriedigend: Man differenzierte und verfeinerte sie, und so wurden die Lichter des Himmels bald darauf in das »Mysterium Christus und Kirche« umgewandelt. Nun hieß es offiziell, der Schöpfer habe in Sonne und Mond ein hinweisendes Vorbild geschaffen: Seine Kirche spiegele sich, sterbend, gebärend, dann strahlend gleich einer Braut, Mutter und Königin sichtbar im Mond wider, abgelöst untertags vom Licht der Sonne, die ihr durch Jesu Glanz leuchte.

Von der Braut, der Mutter und der Königin aber ist es nicht mehr weit zur Jungfrau Maria – der Jesusmutter und Himmelskönigin. Stellte man ihr den Mond zur Seite, so war der Kampf gegen die alten Religionen gewonnen.

Gleich vielen großen Göttinnen finden wir also auch Maria häufig von Schlange und Mond, den uralten Symbolen weiblicher Fruchtbarkeit und ewigen Lebens, umgeben. In Gebeten wurde und wird Maria, ebenso wie einst all ihre Vorgängerinnen, um Schutz, Hilfe und Heilung angerufen, und Lourdes, Fatima, Einsiedeln oder Maria Saal sind nur einige Namen bekannter Marienwallfahrtsorte, die alljährlich beachtliche Pilgerscharen anziehen.

Maria war das »Urbild der mütterlichen Kirche«. War sie mit ihren Wurzeln, wie viele heidnische Göttinnen vor ihr, aber noch im Mondkult verhaftet?

Ähnlichkeiten und Parallelen gibt es in ausreichender Zahl. Gleich Artemis gilt sie dem Volk als Schutzpatronin aller schwangeren Ledigen, wobei sich ihre im Jahre 431 offizielle Erhebung zur »Gottesgebärerin« gewiß nicht zufällig auf den Trümmern jenes mächtigen Heiligtums vollzog, das vormals – zu den vielbestaunten antiken Weltwundern zählend – der mächtigen Artemis geweiht war. Wie ehedem Isis, so nennen die Gläubigen heute ihre Madonna »Schmerzensmutter«, »Maienkönigin« oder »Herrin des Grünens und Blühens«, und manch andere gegenwärtig gebräuchliche Namen sind mit denen der versunkenen »Allmächtigen Erlöserin« ägyptischer Abstammung durchaus identisch.

Stiftete man der römischen Diana früher kleine Terrakottalämpchen, so stellen die Verehrer der Mutter Jesu heute Kerzen auf – erinnern wir uns nur an die heilkräftige, vielbesuchte Quelle, an die ausgiebigen Feiern rund um den italienischen Nemisee. Tatsächlich setzten die Kirchenväter das Datum der »Maria Himmelfahrt«, das übrigens älteste ihrer Feste, exakt auf den 15. August, welcher ursprünglich als Ehrentag der »Lucina« höchstes Ansehen genoß.

Trotz aller Ähnlichkeiten – Maria ist nicht mit den ungebändigten, selbstbewußten Göttinnen der Vorzeit zu vergleichen; sie stellt quasi einen »domestizierten« Typus dar, der sich von der Aktivität der antiken Göttinnen distanziert: Diana, die Ungezügelt-Wilde, liebte ihre Freiheit, spottete aller Männer und schickte einen sogar in den Tod, als er es wagte, sie heimlich beim Baden zu beobachten. Kybele trotzte ihrem Alter, setzte sich selbstbewußt über alle gesellschaftlichen Normen hinweg und ließ sich nicht einmal davon abhalten, den eigenen Enkel zum Geliebten zu nehmen. Hekate bekannte sich offen zu ihrer Vorliebe, dunkelmysteriösen Machenschaften nachzugehen. Ischtar wies jede sexuelle Prüderie von sich und scheute sich nicht, für ihren Geliebten in den Kampf zu gehen, während die starke Mutter Isis Liebe und Treue ebenso wie Unabhängigkeit und Stärke in sich zu vereinen vermochte.

Verkörperte die Große Göttin Freiheitsliebe, eigenwilligen Mut, Tapferkeit, Sexualfreude und anderes mehr, so spricht Maria: »Ich bin die Magd des Herrn; mir geschehe, wie du gesagt hast.«

Dabei schien die Kirche zunächst gar nicht an einer Madonnenverehrung interessiert zu sein. Vor dem 3. Jahrhundert war nichts von einer Jungfrauenschaft, geschweige denn von einer leiblichen Himmelfahrt – die erst im 6. Jahrhundert erwähnt wurde – der Mutter Jesu bekannt. Kein Wunder, sagt die Bibel über die Person Marias selbst doch kaum etwas Konkretes aus. Als man der beliebten Göttinnenverehrung aber gar nicht beizukommen wußte, ließ man die mutterkulthungrigen Seelen schließlich gewähren, dichtete Maria entsprechende Eigenschaften an, erließ fundamentierende Dogmen. Und so wurde Maria, nüchtern betrachtet, eine symbolhafte, von der Kirche geformte Figur, die bis in unsere Tage hinein der weiblichen Welt ein patriarchatsgefälliges Vorbild sein soll.

Um eine solche Wende von der mondverehrenden, amazonenhaften Göttin zur ergebenen Dienerin Gottes zu erzielen, wurden alle bisher gültigen Wertvorstellungen auf den Kopf gestellt: Nicht die Frau gebar den Mann, sondern sie entsprang seiner Rippe. Nicht die Mutter beschützte den Sohn, sondern dieser erst stattete sie mit Kraft aus. Nicht die betagte, lebensweise Frau wurde geehrt, sondern die junge, unerfahrene Jugendschönheit genoß – und genießt bis heute – allseitige Bewunderung.

Im Londoner Victoria and Albert Museum befindet sich eine wunderschöne Solnhofener Steinplastik von Hans Daucher. Sie zeigt die Heilige Jungfrau mit Kind auf einem Sichelmond stehend, dessen Antlitz zur Hälfte unter dem Saum ihres wallenden Gewandes hervorlugt. Aber es ist ein starres, lebloses, besiegtes Gesicht. Als seien die alten Mondreligionen tot. Als habe die neue, keusche, makellose Gottesmagd unwiderruflich über die so unbequeme, streitbare Luna-Frau triumphiert.

Im Mittelalter erlebte der Jungfrauenkult eine Blütezeit. Unzählige Marienlieder, Marienandachten, Mariengebete, Marienkirchen und Marienbruderschaften verherrlichten eine entsexualisierte Idealgestalt, der kein weibliches Wesen auch nur annähernd ähnlich zu sein vermochte. Doch je intensiver der Glorienschein Mariens die Gedanken und Gefühle der katholischen Welt erleuchtete, desto düsterer, gefährlicher wurde das Leben ihrer weltlichen Schwestern auf Erden...

# Das mondische Mittelalter

Der Gedanke drängt sich auf: Marienverehrung und die Abwertung der Frau sind zeitlich eng miteinander verwoben. Man darf nicht vergessen, daß neben dem Glauben auch der Aberglaube im Mittelalter eine große Bedeutung im Alltag hatte. Den alten Weisheiten, betrafen sie nun Heilkunde, Naturerscheinungen oder magisches Wissen, fühlte man sich nach wie vor verbunden, und sie überdauerten – zwar oft in domestizierter Form – die Wende zur Neuzeit.

Ein schreckliches Phänomen der kirchlichen Sanktionierung solchen Aberglaubens ist die Hexenverfolgung: Ein Feuersturm religiösen Wahns fegte über das mittelalterliche Europa hinweg und verbrannte Tausende und Zehntausende unschuldiger Frauen, die dem katholischen Wunschbild von der gehorsamen, geduldigen und passiven Untertanin des Mannes nicht entsprachen, sondern als aktive, kundige und selbstbewußte Amazonen am Herrschaftsanspruch von Kirche und Patriarchat rüttelten.

Der alte Kampf zwischen Mutter- und Vaterreligion, zwischen Matriarchat und Patriarchat wurde neu ausgefochten – und somit, in seinen Wurzeln, der Kampf zwischen Mond- und Sonnenkult. Wir wissen es längst, die Sonne siegte: in der Geschichte der Hexenverfolgungen ebenso wie im Mythos, so wie die bereits bekannte Sage der Luyia aus Kenia erzählt: Nachdem der von der Sonne mit Schmutz beworfene Mond einen erheblichen Teil seiner vormals überlegenen Leuchtkraft eingebüßt hatte, entschied Gott, daß diese nun heller glänzen und ihr Licht des Tages Königen wie Arbeitern senden dürfe, während der Mond nachts den Dieben und Hexen scheinen solle.

Tatsächlich wäre er aus der Magie nicht fortzudenken. In verstaubten Anleitungen, auf die wir im nächsten Kapitel noch ausführlicher eingehen werden, wird seine bedeutsame Rolle für ein erfolgreiches Zaubergelingen oft hervorgehoben. Wer würde sich wundern?

Er zieht den Blick an, erhellt, beflügelt die Phantasie, inspiriert, verbreitet genau jene Stimmung, die den Suchenden anregt, mit verborgenen, in der Tageshelle kaum wahrnehmbaren Kräften Kontakt aufzunehmen. Noch für die Menschen des Spätmittelalters, nur rund 500 Jahre vor unserer Zeit, schienen solcherlei Wahrnehmungen zur festen Alltagsrealität zu gehören.

Auch in Deutschland gab es den mittelalterlichen Brauch, das Verschwinden des Mondes durch lautes Geschrei und Kesselschlagen rückgängig zu machen, wobei das Volk stimmgewaltig »Vince, Luna«, »Siege, Mond« rief. Bis in das 15. Jahrhundert hinein kann eine regelrechte Mondverehrung nachgewiesen werden. So war es üblich, wann immer der Neumond wieder erblickt wurde, ehrfürchtig niederkniend die Kopfbedeckung abzunehmen; ein verbreitetes Ritual, das vom einfachen Bauern wie vom Gebildeten eingehalten wurde.

Geheime, sich zu den Naturkulten bekennende Bünde und Vereinigungen riefen ihre Anhängerscharen zu regelmäßig stattfindenden Mondscheintreffen zusammen. Der Brocken im Harz, Schlern in Südtirol, Heuberg bei Balingen, Insels- bzw. Kreidenberg bei Würzburg oder Fellerberg bei Trier sind Orte, denen man mittelalterliche Hexenversammlungen nachsagt. Ähnliche Feste fanden im Ausland statt: in Patermo, nahe dem italienischen Bologna, im Gebiet von Benevento, in den ungarischen Tokajer-Weinbergen, im Gebiet des Puy-de-Dôme bei Clermont-Ferrand in Frankreich und in der Heidelandschaft nahe dem spanischen Sevilla. Nicht viel anders verhielt es sich im europäischen Norden, wo die »wilden Frauen« auf dem schwedischen Blokula-Berg und dem norwegischen Blakalla-Berg für allerlei Getuschel und Geraune gesorgt haben sollen.

Hexen – was immer wir heute darunter verstehen mögen – galten als argwöhnisch beobachtete und später verfolgte Minderheit. Es ist nur verständlich, daß sie ihre Lehre weder an die große Glocke hängen noch in schriftlicher Form, die womöglich als verräterisches Beweismaterial dienen konnte, weitergeben wollten. Wohl aber wissen wir aus den zum Teil noch gegenwärtig praktizierten Riten des Wicca-Kultes von einem gehörnten Gott und einer zumeist spärlich bekleideten Fruchtbarkeitsgöttin oder Erdmutter, die von auserwählten Mitgliedern der Gruppe dargestellt und wild umtanzt wurden. Heimliche, nicht eingeweihte Beobachter mögen dies schnell mit sexuellen Ausschweifungen und Teufelsanbetung in Verbindung gebracht haben, da alle christlichen Zeitgenossen, denen Reinheit, Maßhalten und Keuschheit als oberste Tugenden galten, zwangsläufig schockiert sein mußten. Und so nahmen perverse Phantastereien und Verleumdungen ihren Lauf.

Wenn Hexen mit ihren berüchtigten Besen auf die Erde klopfen oder eine Handvoll Kieselsteine gen Westen werfen, entfesseln sich heftige Gewitter und wilde, die Ernte vernichtende Stürme. Hexen können, je nach Laune und Belieben, verschiedenste Dinge fort- und wieder zurückzaubern, künftiges wie vergangenes Geschehen sichtbar machen, die Seelen ihrer Mitmenschen vor leidenschaftlicher Liebe brennen oder vor tiefem Haß erbeben lassen, wobei sie die hierfür erforderlichen Mixtinkturen aus so exotischen Zutaten wie Krötenspeichel oder Vogel- und Igelaugen zusammenbrauen. Selbstverständlich vermögen sie auch Tiergestalt anzunehmen, um sich ihren Verfolgern zu entziehen.

Viele Hexen standen überdies im Verdacht des imaginären Kühemelkens: Sie stecken ein simples Holzstück in die Stallwand, setzen sich auf einen Schemel und tun, als ob sie melken, wobei sich ihr Eimer tatsächlich mit frischer Milch füllt, während der betrogene Bauer leer ausgeht. Nicht genug damit, sie verstehen sich auch aufs Nesselknüpfen. Üble Weiber schlagen, so raunte der Volksmund, inmitten kirchlicher Trauzeremonien verstohlen einen Knoten in ihr Tuch, der dem jungen Paar Liebesfreuden, Kindersegen und Hausfrieden so lange verwehrt, bis das verzauberte Tuch gefunden und der Knoten wieder aufgelöst worden ist.

Noch bösartigere Evastöchter durchbohren eigens angefertigte, ihren Opfern ähnelnde Nachbildungen, um ihnen auf telepathischem Wege Schmerzen zuzufügen. Die ganz Schlimmen aber fressen kleine Kinder oder werfen sie doch zumindest ins Wasser. Und derselbe Paracelsus, nach dem sich heute unzählige Apotheken nennen, verkündete damals, daß Hexen, wenn sie schon nicht mit dem leibhaftigen Teufel im Bunde stünden, mittels Mondstrahlen immerhin noch die Pest bringen könnten.

Natürlich suchte man sich durch allerlei gezielte Gegenmaßnahmen vor solchem Mondschein-Hokuspokus zu schützen.

Nahte eine Frau, die jener gefürchteten Gattung anzugehören schien, so mußte geistesgegenwärtig ein Besen vor die Tür geworfen werden – war es doch bekannt, daß Hexen dieser Versuchung nur schwerlich widerstehen und – hoffentlich – darauf von dannen fliegen würden. Besorgte Mütter pflegten wenigstens ein falsches Ärmelchen in Kinderhemden einzunähen, und auch seitenverkehrt getragene Kleidung stand in dem Ruf, vor magischen Einflüssen zu bewahren.

Intensiver Knoblauchduft vertreibt nicht nur menschliche Sympathien, sondern offenbar auch Hexenbann, weshalb man die kleinen weißen Zehen bzw. Knollen stets am Körper trug und sicherheitshalber auch gleich dem Vieh unters Futter mischte.

Gegen Ende des 16. Jahrhunderts räumten vereinzelte zaghafte Stimmen erstmals die Existenzmöglichkeit weißer Magie und guter Hexen ein. Waren nicht, allen Unkenrufen zum Trotz, zahlreiche kranke Tiere, ja sogar etliche Menschen nach geheimen Besprechungen oder Einnahmen mysteriöser Mittel wieder gesund geworden? Dennoch erging es der hellen Sorte nicht besser als der dunklen. Eine schwarze Magierin, so beeilte sich die Kirche zu warnen, schade schließlich nur äußerem Leib und weltlichem Besitz, während ihre weiße Gegenspielerin jedoch die Seele schände. »Lieber von Gottes Gnaden krank als durch Teufels Hilfe gesund«, lautete deshalb die Devise, was einen beachtlichen Bevölkerungsteil aber keineswegs davon abhielt, weiterhin bei gewissen Frauen Rat und diskreten Beistand zu suchen.

Die Inanspruchnahme von Heilerinnen war für alle Kulturen von jeher eine lebensnotwendige Selbstverständlichkeit. Auch in unseren Breiten wandten sich die Kranken vielerorts zunächst an die für ihr reiches Naturwissen bekannten Kräuterfrauen, die ihren Ärztinnenstatus erst im 13. Jahrhundert verloren.

Neben den kundigen Pflanzensammlerinnen und Hebammen wirkten die »Psychologinnen«. Mit weiblicher Intuition verstanden sie es, sich in die Seele ihres Gegenübers hineinzuversetzen und Erfolge durch Suggestion, durch eine Aktivierung der Einbildungskräfte zu erzielen. Diese »Magie« half gelegentlich, nämlich stets dann, wenn der oder die Betroffene von der Wirkung des angeblichen Zaubers überzeugt war.

Hatten sich zwei Nachbarinnen überworfen und ein Tier wurde krank, war dies möglicherweise auf einen bösen Wunsch der streitbaren Neiderin zurückzuführen. Kam eine Frau, die sich zudem noch vom üblichen Dorfklatsch fernzuhalten pflegte, allein oder gar auf einem Stock gestützt vom Felde heim – Gnade ihrem guten Ruf, wenn ein Gewitter ausbrach. In den schlimmsten Phasen der Hexenverfolgung konnte jeder, ob Weib, Mann oder Kind, ob arm oder reich, in Verdacht und damit in die erbarmungslosen Fänge der Inquisition geraten.

Elisabeth Castonier erzählt in ihrem Buch »Unwahrscheinliche Wahrheiten« von einer Begebenheit, die sich im irischen Adelsmilieu des 14. Jahrhunderts zugetragen haben soll: Ein Gericht klagte die hochgeachtete Lady Alice Kyteler an, auf einem Kreuzweg zu nächtlicher Vollmondstunde einen Geist namens Robert Artissen herbeibeschwört, ihm neun rote Hähne und ein Paar Pfauenaugen geopfert zu haben, um mittels magisch-spiritistischer Unterstützung ihren enterbten Sohn aus erster Ehe in den Besitz des Erbes seines verstorbenen Vaters zu bringen. Doch dabei wurde sie ertappt und verhaftet. Während ihre Kammerzofe und andere Helfershelfer verurteilt und verbrannt wurden, entfloh die Lady mit Hilfe des damaligen Bischofs eilends nach England, wo Freunde sie vor dem irischen Gesetzesarm verborgen hielten.

Eine kirchenrechtliche Verordnung des Mittelalters klagte abgefallene, dem gotteslästerlichen Tun verfallene Frauen an, »... die, zurückgekehrt vom Satan und verführt von Illusionen und Trugbildern von Dämonen, glauben und öffentlich aussagen, daß sie in den nächtlichen Stunden auf bestimmten Tieren herumirren, und zwar im Gefolge der Diana, der Göttin der Heiden, und in Gesellschaft von unzähligen Frauen. In tödlicher Nachtstille durchkreuzen sie zahlreiche ausgedehnte Gebiete. Sie gehorchen dem Befehl der Diana, als wäre sie ihre Meisterin. In bestimmten Nächten werden sie aufgerufen, ihr zu dienen. Wenn es nun so wäre, daß sie alle umkämen in ihrer Treulosigkeit, ohne so viele andere mit sich ins Verderben des Unglaubens hineinzuziehen. Aber zahllose Menschen, betrogen durch diese falsche Vorstellung, glauben, daß diese Dinge der Wahrheit entsprechen. Hierdurch wenden sie sich vom wahren Glauben ab und verfallen wieder dem heidnischen Irrglauben. Sie glauben, daß noch eine andere göttliche Kraft besteht, als die des alleinigen Gottes.«

Der mittelalterliche »Canon episcopi« ersuchte alle Bischöfe, achtzugeben auf »verbrecherische Weibsleute, welche, durch die Vorspiegelungen und Einflüsterungen des Teufels verführt, glauben und bekennen, daß sie zur Nachtzeit mit der heidnischen Göttin Diana oder Herodias und einer unzähligen Menge von Frauen auf gewissen Tieren reiten«.

Auch hier schwelgte die Volksphantasie in wirren Mutmaßungen und abenteuerlichsten Spekulationen. Da hieß es, Hexen treffen sich am liebsten unter alten Bäumen oder Kruzifixen, um sich gemeinsam auf Besen, Ofengabeln oder verzauberten Böcken zum Mond davonzuschwingen. Sie seien aber stets vor dem ersten frühmorgendlichen Ave-Maria-Geläut daheim, weil dieser christliche Glockenruf ihre Zauberkraft für diese Nacht beende und sie deshalb auf die Erde zurückkehren müßten. Der Hexensabbat aber fand gotteslästerlicherweise immer am Tag eines hohen Kirchenfestes statt. Es ist bekannt, daß es sich in Wahrheit umgekehrt verhielt, weil Ursprung und Nachahmung geschickt verdreht wurden.

Man sagte den Hexen auch nach, daß sie sich ihres Körpers entledigen und ihre Seelen sich von diesem entfernen und wieder zu ihm zurückkehren konnten. Was mag es mit diesen Anschuldigungen auf sich gehabt haben?

Aus allen Zeitaltern und Kulturen erreichen uns Berichte von Astralreisen. Heute wissen wir, daß es durch bestimmte Pflanzenzusammenstellungen möglich ist, Einblicke in andere Welten herbeizuführen, wie sie durch LSD, Psilocybin, Meskalin oder intensive Meditationen möglich sind – sogenannte Halluzinationen, die dem nüchternen Verstand unvorstellbare Bilder zeigen. Sehr wahrscheinlich brauten unsere Vorfahrinnen seelenbeflügelnde Tinkturen, um ihrem schweren, tristen Alltag zu entkommen. Harold A. Hansen äußert in seinem Buch »Der Hexengarten« die Vermutung, es könne damals mittels jener Rezepte vielleicht sogar gelungen sein, Wege in andere kognitive Dimensionen zu bahnen. Die vollständigen Rezepturen sind jedoch längst verlorengegangen. Wir wissen zwar, daß zu den benutzten Pflanzen

Bilsenkraut, Eisenhutwurzeln, Stechapfel und Tollkirsche gehörten, aber die Angaben der genauen Mischverhältnisse sind nicht bekannt.

Sehen wir trotzdem in eines jener überlieferten Flugsalbenrezepte, das der Universalgelehrte Gianbattista della Porta, der zwischen 1540 und 1615 lebte, in seiner »Magia naturalis« schriftlich festhielt: »Sie sollen aber ein gewisses Fleisch kochen in einem Kessel mit Wasser, und das oben schwimmende Fett abnehmen, das andere aber starck einsieden und behalten: Hernach diese Materien vermischen mit Epfich (Sellerie), Wolffswurtz (Eisenhut), Pappelzweigen und Weyrauch. Oder sie sollen auch nehmen Wassermerck, Ackerwurtz, Fünff-Fingerkraut, Fledermausblut, Nachtschatten und Oel, und eine Salbe daraus machen. Wann sie sich nun damit schmieren, und die Glieder wohl damit reiben, daß sie roth, und das Fleisch locker, die Schweiß-Löchlein aber offen werden, Thun sie Fett oder Oel drüber her, daß die Säffte hinein dringen, und die Würckung desto stärker werde. Dahero bedünckt sie dann, daß sie beym Mondenschein in der Nacht umfahren, Schlemmen, Saitenspiel hören, Tantzen, und bey schönen jungen Gesellen sind, die sie lieb haben und dergleichen, weil nemlich ihre Einbildungen und Phantasie mit solchen Dingen gantz erfüllt, besessen und eingenommen werden. Wie sie dann auch von Natur geneigt seyn, ein Ding leicht zu glauben, und Tag und Nacht an nichts anders gedencken. Worzu auch noch dieses hilfft, daß sie nicht viel anders als Mangolt, Wurtzeln, Castanien und Hülsenfrüchte essen ...«

Ähnliche Instruktionen finden sich in den Schriften »De subtilitate rerum«, 1550 von Gerolamo Cardano, »De la Lycanthropie, Transformation et Extase des Sorciers«, 1615 von Jean de Nynauld, sowie in dem Werk »De praestigiis daemonum et cantationibus, ac uenificiis« von Doktor Johann Weyer, geschrieben im Jahre 1536. Kräutersammler werden darin oft auf die Wichtigkeit des rechten Mondphasenzeitpunktes hingewiesen.

Fertige Salben pflegte man sich auf besonders empfindsame Zonen, wie in Genitaliennähe, unter Fußsohlen oder in die Achselhöhlen einzumassieren. Immer wieder versuchten Forscher, dem verlorenen Wissen über Flugsalben doch noch auf die Spur zu kommen, doch, wie zu erwarten, sie scheiterten.

Der Hexenwahn entstand nicht von heute auf morgen und wurde auch sicherlich nicht von diabolischen Hirnen bewußt geplant und in die Wege geleitet, sondern entwickelte sich – von vielerlei Umständen motiviert – langsam und kontinuierlich auf seinen schrecklichen Höhepunkt zu. Alte Chroniken berichten von Pest und Seuchen, die Tod, bittere Armut und Hungersnöte unter die verschreckten Massen ausstreuten. Geschlechtskrankheiten ängstigten die Menschen Westeuropas, schürten ihre Schuldgefühle und verliehen den kirchlichen Mahnrufen nach Zucht und Keuschheit Gewicht – alles in allem Entwicklungen, denen Unsicherheit und Mißtrauen zwangsläufig folgen mußten.

Die Idee, daß gewisse Sündenböcke für dieses Dilemma verantwortlich seien, daß jegliches Unheil weichen müsse, sobald die wahren Schuldigen ausgemerzt seien, wird von vielen verängstigten Herzen gern aufgegriffen worden sein. Deshalb zielte der Volkshaß abwechselnd auf die Pfaffen der reichen Klöster, den geldprotzenden Adel, erfolgreiche jüdische Geschäftsleute und im 15. wie im 16. Jahrhundert zunehmend auf Frauen. Bald schien sich die Tätigkeit des Hexenjagens auch finanziell zu lohnen, da das Vermögen der Hingerichteten in den Besitz der Kirche überführt wurde.

Die neue Moral schien klar und einleuchtend: Alles Gute schrieb man Gott, alles Schlechte dem Teufel zu. Wer sich aber nicht laut und vernehmlich zu Gott, sprich seiner Kirche auf Erden bekannte, der konnte nur ein von ihm abgefallenes Werkzeug des Satans sein. Gern zitierten die Kanzelredner hierzu das 12. Kapitel der Johannes-Offenbarung, das vom Streit und Untergang des bösen Drachen berichtet, wie man auch sonst mit dem Heranziehen passender Bibelzitate recht großzügig verfuhr und Hinrichtungen nicht selten mit dem Wort Mose: »Die Zauberinnen sollst du nicht leben lassen« rechtfertigte.

Wo Bibelsprüche aber nicht zu überführen vermochten, half mit absoluter Sicherheit der »Hexenhammer« weiter, eine wahre Horrorschrift, die das Aufspüren und Vernichten von Hexen zur buchstäblichen Christenpflicht erhob. Darin wird den allgemein leichtgläubigen, geschwätzigen Weibern fehlende Selbstdisziplin vorgeworfen, eine jedoch nicht weiter verwunderliche Tatsache, da Frauen den Männern ohnehin intellektuell wie charakterlich unterlegen seien, was schon allein das Wort »femina« beweise, das aus »fe« und »minus« bestehe. Und habe nicht Eva durch die heimtückische Verführung Adams den Fall der gesamten Menschheit verschuldet? Weibliche Eifersucht und niedrige Rachegelüste stürzten – laut »Hexenhammer« – ganze Königreiche ins Verderben, man denke nur an Troja, Juda, Rom, an Helena, Isebel oder Kleopatra. Kein Wunder, so las man weiter, daß die von unersättlicher Fleischesgier getriebenen Weiber allein durch teuflischen Zauber zum Ziele kämen.

Hunderttausende von Frauen fielen dem Hexenwahn zwischen 1484 und 1775 in Europa zum Opfer.

Frauenfeindliches Mittelalter: Ob Hexe oder nicht Hexe, unsere Ahninnen durften weder ihr Haar offen tragen noch neben den erlauchten Pfarrherren sitzen, wie es ihnen mancherorts auf Strafe untersagt war, geweihte Gegenstände und erst recht keine Hostien zu berühren, die durch Frauenhände nur entweiht werden konnten.

Menstruierende und Wöchnerinnen galten im erhöhten Maße als schmutzig, lehrte doch der heilige Hieronymus: »Nichts ist unreiner als eine Frau in ihrer Periode, was sie anrührt, macht sie unrein.« Und noch im frühen 20. Jahrhundert mußte so manche, die es kurz nach der Entbindung wagte, ein Gotteshaus zu betreten, mit einer öffentlichen Zurechtweisung rechnen.

Abt Regino von Prüm verbot weiblichen Gesang in allen heiligen Hallen und ließ statt dessen talentierte Knaben kastrieren, um dem Herrn dennoch engelhaft-reine Sopranstimmen präsentieren zu können. Diese über Jahrhunderte eingehaltene Tradition wurde tatsächlich erst im 19. Jahrhundert durch Papst Pius VII. endgültig aufgehoben.

All diese kirchlichen Versuche, die Frauen zu kontrollieren und abzuwerten, gehen auf die Urangst des Christentums vor dem alten Matriarchat, seinen Protagonistinnen und Verfechterinnen des heidnischen Mondkultes zurück. Nur mit Gewalt und Repressalien war dieser vormals so selbstbewußten zweiten Hälfte der Menschheit beizukommen, und die Hexenverbrennungen waren nur der spektakuläre Höhepunkt dieser Entwicklung. Der helle Feuerschein der Christensonne strahlte von den Scheiterhaufen hinauf zum Mond und nahm ihm endgültig seine Silbermacht.

# Hexen, Mondspuk, Mixtinkturen

Magie ist uralt. Nach wenig bekannten semitischen Überlieferungen soll sie gar außerirdischer Herkunft sein.

Henoch, einer der zehn Väter des israelischen Volkes, der laut Mose in unmittelbarer Verbindung zu Gott gestanden haben und ohne zu sterben direkt in den Himmel entrückt worden sein soll, berichtete von 18 außerplanetarischen weisen Führern, die sich vor Zeiten auf dem Berge Hermon niederließen, um Auserwählte in die tiefgründigen Geheimnisse der Elemente und des Kosmos einzuweihen. Himmlische Engelsöhne, so gab Henoch weiter, vereinten sich mit erdgeborenen Menschentöchtern, und ihre gemeinsamen Nachkommen galten als so intelligent und stark, daß sie schließlich alle wichtigen Führungspositionen der Welt einnahmen. Das ererbte Wissen ihrer Väter aber schrieben sie in wohlgehüteten Sammlungen wie »Sepher Jezirah« oder »Sepher Sohar«, dem Hauptwerk der Kabbala, nieder.

Interessanterweise stimmen solcherlei Aussagen mit einigen Bibelstellen des Alten Testaments überein. Im 6. Kapitel des 1. Buches Mose läßt sich nachlesen: »Es waren auch zu den Zeiten Tyrannen auf Erden; denn da die Söhne Gottes zu den Töchtern der Menschen eingingen und sie ihnen Kinder gebaren, wurden daraus Gewaltige in der Welt und berühmte Männer.«

Jahrtausende sind vergangen; wieder einmal bleiben uns nur Theorien, Mutmaßungen und Spekulationen ... Doch alte Felszeichnungen bekunden: Seit Menschen denken und eigenmächtig handeln können, suchten sie beharrlich nach Möglichkeiten, um persönliches Schicksal oder allgemeines Stammeslos nach ihrem Willen zu beeinflussen.

Wer von uns wünscht sich nicht gleichfalls, den immer wiederkehrenden Talfahrten des Lebens ausweichen und dem Glück auf die Sprünge helfen zu können? Bemühungen, die für frühe Kulturen zur selbstverständlichen Alltagsrealität gehörten. Unsere frühen Voreltern fühlten sich von einer magischen Welt umspannt, die Menschen ebenso wie Tiere, Pflanzen, Mineralien, Erde und alle Himmelsgestirne einschloß.

Tatsächlich geben die modernen Grenzwissenschaften derartigen Gedankengängen recht und haben die Lehre der »Kosmologie« entwickelt, die das Universum als Ganzes versteht. Auf für uns heute noch unerklärliche Weise scheint alles miteinander verbunden und verwoben, scheint jedes Ding über unbegrenzte Entfernungen hinweg von jedem anderen Ding zu wissen; eine neu zu entdeckende, schwer zu begreifende Realität. Trotzdem will der nüchterne Verstandesmensch nach wie vor nur das glauben, was seine Sinne zu erfassen fähig sind.

Die junge Wissenschaft zeigt, daß gerade diese Einstellung lückenhaft und rückständig ist. So reichhaltig unser menschliches Wahrnehmungsvermögen auch angelegt wurde, läßt es uns doch nur Teilaspekte der gesamten Wirklichkeit erkennen. Technische Erfindungen reagieren wesentlich empfindlicher. Neuartige, hochsensible Geräte können feinste, für die Ohren unhörbare Schwingungen und Töne, phantastische, für die Augen nicht erkennbare Formen, Farben und vieles mehr aufzeichnen. Mikro- und Makrokosmos sind Bereiche, die sich unserer Vorstellungskraft entziehen, aber dennoch, ebenso wie die bewußt erlebte Umwelt, zur Realität gehören. Es gibt viele Wahrheiten. Sie werden in Fachkreisen erahnt und publik gemacht, haben aber das Bewußtsein des Durchschnittsbürgers noch längst nicht erreicht.

Denken wir nur an Telepathie, Gedankenübertragung, die vor knapp hundert Jahren selbst in fachmännischer Runde als simpler Aberglaube und hohles Geschwätz abgewertet wurde. Heute weiß man es besser. Telepathie zählt, neben Prophetie, Hellseherei und vorausschauenden Träumen, zu den vielen erstaunlichen Leistungen des Unterbewußtseins. Gedankenenergie, Kraft des Geistes, Macht des Unbewußten – Wissenschaftler forschen emsig, um diese Phänomene zu ergründen. Es ist damit zu rechnen, daß ihre Ergebnisse große Umkehrprozesse im menschlichen Denken bewirken werden.

Schon arbeiten in Englands Krankenhäusern erste Geistheiler mit schulmedizinisch ausgebildeten Ärzten zusammen, während andere Kollegen durch spektakuläre Heilerfolge in argwöhnisch beobachteten Massenveranstaltungen für allgemeines Aufsehen sorgen. Es gibt Kontaktheiler, die durch schlichtes Handauflegen Schmerzen zu lindern vermögen, eine Gabe, von der es heißt, sie stehe besonders häufig Eltern kleiner Kinder zur Verfügung. Magnetische Heiler ordnen und stärken die Strahlen der verwirrten Aura. Energieheiler leiten eigene oder fremde Kräfte auf den Kranken weiter, wie auch Heilung durch Visualisieren, durch das bewußte Imaginieren eines gesunden Körpers möglich ist.

All dies ist kein dunkler Hokuspokus, sondern ein von Mutter Natur in unsere Wiege gelegtes Urgut, um überleben, um das Dasein meistern zu können: Kräfte, die in jedem Menschen mehr oder weniger verborgen schlummern; Kräfte, die sich durch bereitwilliges Lernen befreien lassen, wenn wir uns nicht mit negativen Gedanken gegen sie sperren.

Wo aber liegt die Verbindung zur Magie?

Unsere zaubernden Vorfahren schöpften aus der gleichen Quelle. Doch ihr magisches Weltverständnis verlangte nach einem bunten Kleid. In der Annahme, alles gewöhnlich Scheinende könne womöglich nicht helfen, erfand man zahllose Riten, die den Erfolg zwar nicht herbeizuführen vermochten, wohl aber den Glauben an ihn unterstützten. Dunkelheit, zu- oder abnehmende Mondsichel, verhalten geraunte Verse und geheimnisvolle Zeichen dienten als vorbereitende Einstimmung und schmückendes Beiwerk. Gezielte Gedanken, fester Wille und innere Überzeugung indessen sind die wahren Impulse aller Veränderungen.

Nachfolgend seien einige »magische« Rezepte und Anleitungen angeführt, die helfen sollten, wenn die Menschen mit den zur Verfügung stehenden Mitteln nicht mehr weiterkamen. Man nahm also Zuflucht zur Mondenergie.

## Zahnschmerzen

Obwohl Karies erst in jüngerer Zeit von sich reden machte, war peinigendes Zahnweh doch auch zu allen Zeiten verbreitet. Dagegen kannte man die kuriosesten Rezepte:

Mondgläubige erwarteten geduldig dessen abnehmende Phase, um nun mittels eines Nagels an der Schmerzstelle zu stochern, bis seine Spitze blutig war. Anschließend wurde der Nagel in die Nordseite einer möglichst bejahrten Eiche geschlagen; ein Ritual, das, solange der Baum seine Äste und Zweige gen Himmel streckte, dem Geplagten – zumindest an der angebohrten Stelle – Schmerzfreiheit verhieß.

Als Alternative boten sich etliche magische Sprüche an, deren volle Wirkung allerdings erst bei Neumond zu erwarten war. Hatten die zahnschmerzgequälten Burgersdorfer in der Nähe Wehlaus die junge Sichel erstmals erblickt, hieß es beschwörend:

»Ach du liebes neues Licht,
bewahr mich Gott vor Zähnegicht!
Daß sie mir nicht möchten reißen,
daß sie mir nicht möchten spleißen,
daß sie mir nicht möchten schwären,
daß sie mich nicht möchten quälen,
daß sie mich nicht möchten källen,
daß sie mir nicht möchten schwellen.«

Dann folgte ein Vaterunser, wobei es sich statt des abschließenden »Amen« jedoch empfahl, die noch quälende Wange sanft mit der Hand zu streicheln. In anderen Gegenden betete man:

»Ich grüße dich, du neues Licht mit deinen zwei Zacken!
Meine Zähne sollen mich nicht zwacken,
bis daß du wirst haben drei Zacken.«

Die zwei nachstehenden Anleitungen sollen, auch wenn sie nicht unmittelbar in mondischem Zusammenhang stehen, dennoch so gut wie niemals ihren Zweck verfehlen:

Von besonderem Erfolg ist es, so läßt sich in einer alten Schrift nachlesen, wenn man drei Nächte hintereinander auf dem Kirchhof schläft oder still auf den Kirchhof geht und vom ersten Grabe dreimal Kraut pflückt und damit still nach Hause geht. Dieses Kraut soll zudem gegen Reißen und Rheumatismus helfen.

Wer es aber wage, den rechten Zeigefinger einer Leiche sanft auf den eigenen schmerzpochenden Zahn zu drücken, der werde – so glaubte man noch im späten Mittelalter – nicht nur für alle Zeiten von übler Zahnpein befreit bleiben, sondern habe zugleich ein wirksames Mittel gegen Flechten und Feuermale zur Hand.

Heutzutage empfiehlt sich eher der Gang zum Arzt. Zahnziehen soll bei zunehmendem Mond übrigens wesentlich weniger schmerzhaft sein!

## Fieber

Nicht minder gefürchtet war das Fieber. Wo kühlende Wadenwickel und bittere Pflanzenextrakte nicht zu helfen vermochten, besann man sich auf die gute Frau Luna.

In Pommern pflegten Leidende am Abend nach Vollmond eine Handvoll Salz in fließendes Wasser zu streuen, und dabei sprachen sie folgendes:

»Ich säe meinen Samen in Gottes Jesu Namen.
Wenn dieser Samen wird aufgehn,
will ich mein Fieber wiedersehn.«

Es hieß, sobald das Salz aufgelöst sei, werde auch der Kranke wieder genesen sein.

Wer es lieber weniger religiös mochte, konnte – diesmal allerdings nur bei abnehmendem Mond – in Richtung des nächstliegenden Kreuzweges eilen, das somit fieberdurchzogene Kleidungsstück ablegen, um stumm und ohne Zeit zu verlieren ins heimische Bett zurückzueilen. Ein zweites »Rezept« gebot, einen verlassenen Grenzrain aufzusuchen, ein Loch in die Wiese zu schneiden, dreimal hineinzuhauchen und es wieder zu verschließen.

Ein anderer, recht verbreiteter Brauch bestand im sogenannten »Fieberverbohren«. Man bewaffne sich mit Hammer und Holznagel, bohre ein Loch in einen möglichst abseits gelegenen Baum oder Pfahl, hauche dreimal in dasselbe und spreche, den eigenen Namen einsetzend: »XY ist nicht zu Hause.« Anschließend wird die Stelle mittels eines Nagels verschlossen und der Heimweg ohne zurückzuschauen und in völligem Schweigen angetreten.

Stillschweigen – ein typisches, auffallend häufig erwähntes Gebot, das einen tiefen Sinn erfüllte. Denn wer allzu redselig über geheimste Machenschaften, Träume und Wünsche spricht, riskiert es, sich allgemeinem Unverständnis oder der Lächerlichkeit preiszugeben; Reaktionen, die den erforderlichen Eigenglauben an den Erfolg sehr leicht schmälern können.

Aus vermutlich ähnlichen Motiven fanden auch Besegnungen und Besprechungen – unter freiem Himmel, ohne Kopfbedeckung – vornehmlich im Dunkeln statt. Immer durfte nur leise gemurmelt, niemals laut gesprochen werden. Eingeweihte zweifelten nicht, daß alle Zauberkräfte nur bis zum ersten Hahnenschrei wirksam seien und sich mit zunehmender Tagessonne wie Nebelschwaden auflösen müßten. Selbst dem Teufel gleite dann alle Macht aus den Händen, weshalb er der oberen Welt beim ersten morgendlichen Kikeriki fluchtartig den Rücken zukehre. Einige Magier gaben stolz zum besten, den Satan gar durch geschickt imitiertes Hahnengekrähe geprellt zu haben. Solcherlei Vorstellungen lassen sich wohl begründen, denn der Hahnenschrei symbolisiert die Realität des Alltags. Was in der Dunkelheit noch vage, verschwommen für möglich gehalten wurde, verfliegt in der Sonnenhelle und räumt der Macht des Verstandes das Feld. Schnell wird die ganze Zweifelhaftigkeit des nächtlichen Treibens bewußt. Nüchterne Überlegungen lassen unvernünftige Hoffnungen wie leere Säcke zusammenschrumpfen.

## Entzündungen und Geschwüre

Alle äußerlich sichtbaren Entzündungen nannte man »Feuer«. Sie wurden zumeist bei vollem oder abnehmendem Mond, besser noch im dunklen Neumond besprochen. Kenner bestrichen entzündete Stellen dreimal mit frischer Holzkohle oder Feuerstrahl und sprachen ihren Segen, wobei nach jedem Durchgang unbedingt ausgespuckt werden mußte.

Hier zwei Sprüche:

»Es gingen drei heilige Frauen waschen,
die eine klopft,
die andre schält,
die dritte löscht das Feuer aus.«

Oder:

»Ich rathe mit dir vor neunerlei Wundenfeuer,
es soll nicht reißen, nicht spleißen,

nicht stechen, nicht brechen,
nicht källen und nicht schwellen.«

In Litauen ging es etwas schneller. Man müsse sich, so gaben die Alten an die Jungen weiter, im hinschwindenden Viertel des Mondes auf einen einsamen Kreuzweg stellen, der Sichel vertrauensvoll das Gesicht entgegenwenden und bittend »Was ich sehe, laß zunehmen, was ich nicht sehe, abnehmen« flüstern. Der Mond werde dann die Geschwüre schon vertreiben.

Eine Überlieferung aus Pommern lautet:

Der an Flechten Leidende muß im abnehmenden Monde den Zweig einer an einem Kreuzweg stehenden Weide abwärts biegen, mit der Spitze des Zweiges die Flechten dreimal übers Kreuz bestreichen und dabei sprechen:

»Die Flechte und die Weide,
die liegen beid' im Streite,
die Weide muß gewinnen,
die Flechte muß zerrinnen.«

Wenn wir alten Kommentaren glauben dürfen, verschwanden eiternde Wunden, Hühneraugen, Warzen, Rheuma, Ungeziefer etc. oftmals nach einmaliger Besegnung, während schwerere Krankheiten mindestens drei aufeinanderfolgende Monate Heilbesprechung in Anspruch genommen haben sollen.

An dieser Stelle sei ein höchst interessantes Untersuchungsergebnis des an der amerikanischen Pennsylvania-Universität wirkenden Psychologen Howard Hall erwähnt: Er hypnotisierte einige Versuchspersonen und befahl ihnen, die eigenen weißen Blutkörperchen als hungrige, alle schädlichen Krankheitskeime verschlingenden Haifische zu sehen. Diese Vorstellungsbilder sollten dann weiterhin regelmäßig vor dem geistigen Auge abgespult werden. Und siehe da – bald schon wiesen die Versuchspersonen eine deutlich erhöhte Anzahl weißer Blutkörperchen auf.

Es gibt also eine Chemie der Einbildung. Es ist dem Menschen möglich, allein durch Einbildungskraft und Glauben, körperliche, biochemische Veränderungen auszulösen. Selbst schlichte Gedanken können durchaus wirksam sein. Der Geist herrscht doch über die Materie!

## Auszehrung und Unterernährung

Unter »Darre« verstand man den gefürchteten, weil ansteckenden Schnupfen des Federviehs, aber auch das krankhafte Abmagern junger Tiere. Manche tatkräftige Bäuerin erhoffte sich hier durch »Darreabbacken« wirksame Hilfe. Getreu dem Motto »Was dem Viehzeug nutzt, wird wohl auch Bub und Mädel nicht schaden«, sprach der Volksmund diesem Ritus zudem positive Auswirkungen auf das Körpergewicht allzu unterentwickelter Kinder zu:

An drei aufeinanderfolgenden, jedoch unter allen Umständen in die abnehmende Mondphase zu legenden Donnerstagen, beschaffte sich die magiekundige Hausfrau ½ Quart Mehl, knetete einen Teig und heizte den Backofen ein. Während sie in der Küche sorgsam drei Brötchen formte, schritt ein mitwissender Helfer rund ums Haus, trat schließlich ein und fragte: »Was backst?« Darauf mußte die Bäckerin »Ich backe dem (Name des Kindes oder Tieres) die Darre ab« antworten. »Back, back«, bestärkte nun der Verbündete, und der erste Wecken wurde mit verhaltenem »Im Namen Gottes«-Gemurmel nebst allen guten Wünschen in die Glut geschoben. Nach gleichem Ritual entstanden die zweite und dritte Semmel, die schließlich am Abend desselben Tages unter schimmerndem Nachtlicht in fließendes Wasser versenkt wurden.

Ein anderes und weniger kompliziertes Mittel gegen Auszehrung findet sich im ersten Teil des Mosis-Buches, einer alten Zauberfibel unbekannter Herkunft, die nichts mit den Moses-Büchern des Alten Testamentes zu tun hat.

Hier heißt es: »Gegen diese fürchterliche Krankheit (nämlich die Darre) hat sich in vielen Fällen bewährt: 1 Löffel Muttermilch mit Zucker bei abnehmendem Monde täglich getrunken; auch Erdbeeren in Branntwein geweiht, und dessen Saft genossen, ist zu empfehlen.«

## Epilepsie

Natürlich »behandelte« man auch Epilepsie. Schon die alten Griechen erahnten zwischen Mond und Fallsucht gewisse Zusammenhänge, Vermutungen, die sich durch fast alle Kulturen und Kontinente zogen. Als populäres Heilmittel der Antike galt es, Korallenwurz, Pfingstrosen und Strichninwurzeln im Schein der abnehmenden Mondsichel zu sammeln und in einem geweihten Leinenbeutel als Amulett auf der Brust zu tragen. Da die Pfingstrosen aber keinesfalls per Hand gepflückt werden durften, banden erfindungsreiche Sammler einen jungen, hungrigen Hund an die auserkorene Staude und lockten mit Futter. Sobald sich das Tier mit knurrendem Magen aufs langersehnte Fressen stürzte, wurde auch der begehrte Busch aus dem Boden gerissen und durfte jetzt bedenkenlos verwendet werden.

Die heilige Hildegard von Bingen empfahl in ihrer Schrift »Ursachen und Behandlungen von Krankheiten«, einen Edelstein drei Vollmondtage hindurch in einem gefüllten Wasserkübel ruhen zu lassen, das kostbare, einmal kräftig erhitzte Naß gut zu verschließen, um darin in den nachfolgenden 10 Monaten – stets bei abnehmendem Nachtlicht – die Nahrung der Epileptiker aufzuweichen.

Wer aber keinen Edelstein besitze, solle, so rieten andere versierte Kenner, getrost ein Jahr hindurch die letzten 15 Minuten eines jeden Freitages des abnehmenden Mondes, unter einem Holunderbaum lehnend, schweigend gen Osten schauen.

## Hämorrhoiden

Auch den Hämorrhoiden ist lunarisch abzuhelfen. Die lästig jukkenden Knötchen werden möglicherweise verschwinden, wenn sie vor den Sonnenaufgängen der abnehmenden Mondphasen mit frischem Tauwasser betupft werden.

In Byzanz rief man den guten Alten noch weit bis ins 15. Jahrhundert hinein laut mit den Worten an: »Heil dir, Mond! Ich grüße dich, Mond! Ich beschwöre dich, daß du mir die Hämorrhoiden vertrocknest!«

Viele Mediziner des Mittelalters waren zugleich überzeugte Astrologen, glaubten sie doch einzelne Organe von verschiedenen Planeten beherrscht. Während Saturn für rechtes Ohr und Milz, Jupiter und Mars dagegen für Leber und Rippen zuständig seien, sorgten Venus und Merkur für gesunde Nieren. Auf Gehirn, Kehle, Magen und Bauch aber, ließ sich in manch renommierter Arztpraxis vernehmen, übe der Mond selbst seine tiefgreifenden Einflüsse aus. Da seine heilenden Kräfte aber besonders intensiv in Silberpappel, Rüben, Bohnen, Zwiebeln, Gurken, Hauswurz und weißer Rose präsent seien, ließen sich daraus – Mutter Natur sei es gedankt – beste Extrakte zur Behandlung aller mondisch bedingten Beschwerden gewinnen.

Dabei klafften die Ansichten über Kombinationsmöglichkeiten und Wahl des rechten Sammelzeitpunktes beträchtlich auseinander. Ob in hinschwindender oder heranreifender Mondphase, ob im dunklen oder gar vollen Nachtlicht, schien von Kraut zu Kraut, von einem Landstrich zum anderen verschieden und eine spezielle Wissenschaft für Eingeweihte zu sein.

Indessen deuten neuere Untersuchungen darauf hin, daß der Mondstand tatsächlich Pflanzensubstanzen zu beeinflussen vermag. Mehr noch: Der amerikanische Arzt Edward Andrews wertete die Unterlagen von weit über tausend operierten Patienten aus und entdeckte an allen Voll- und Neumondtagen ein vermehrtes Auftreten extremer Blutungen.

Was mögen die Alten über solche Zusammenhänge gewußt haben? Selbst im dringlichsten Notfall hätte es kein mittelalterlicher Chirurg gewagt, sein Messer trotz des falschen Mondstandes anzusetzen. Als optimale Zeiten zählten Jacobus-, Bartholomäus- und Martinstag, sowie jene Perioden, in denen Mond, Jupiter oder Merkur durch die Zeichen Steinbock, Widder, Krebs oder Waage zogen. Aus diesen Konstellationen ergaben sich gute oder schlechte, günstige oder kritische Tage, die die Lebensgewohnheiten unserer Ahnen rund um den Kalender beherrschten. Der Arzt Johann Georg Zimmermann klagte noch im 18. Jahrhundert über solcherlei Volksglauben:

»Ich sehe, daß ein abergläubischer Mensch nichts unternimmt, ohne vorher den Kalender um Rat gefragt zu haben. Hat er einen Seitenstich, so stürzt er sich lieber in Todesgefahr, als daß er sich an einem Tage eine Ader öffnen ließe, an welchem diesen Sternpossen zufolge nicht gut Aderlassen ist. Er glaubt, alles steige aufwärts, wenn der Mond im Aufsteigen ist, darum schluckt er in dieser Zeit kein Purgatz (Abführmittel), aus Furcht, es werde ein Brechmittel. Er glaubt, alles werde voll, wenn der Mond voll ist, darum trinkt er in dieser Zeit bei der äußersten Mattigkeit keinen Wein. Er glaubt, alles eile niederwärts, wenn der Mond abnimmt, darum hofft er, jedes Mittel und jede Speise werde ihn in dieser Zeit purgieren (reinigen). Er mag so krank sein, als er immer will, so nimmt er kein Mittel, von was für Art es immer sei, wenn der Mond im Stier ist, aus Furcht, dieses wiederkäuende Tier jage sein Mittel aus dem Magen in den Mund.«

## Warzen

Verlassen wir nun das Feld der Medizin und wenden wir uns der Schönheitspflege zu. Besonders in puncto Hautwucherungen scheint der Mond unverzichtbar zu sein.

Warzen sollen wie aufgescheuchte Fliegen verschwinden, wenn der Gläubige unter wachsender Sichel ans Fenster tritt und, indem er den Mond ansieht, über die leidigen Stellen ihm entgegenstreicht und »Was ich abstreif', das verlier' ich, was ich anseh', das vermehr' sich« bittet.

Im Oldenburger Raum wartete man erst die Geburt des Neulichtes ab, um die Warzen sacht mit schwarzer Erde zu bestreichen – die abschließend energisch mit dem Gruß »Glück und Segen, neuer Mond!« in seine Richtung davongeschleudert wurde.

Rund um den sächsischen Freiberg zogen Magiekundige einen anderen Ritus, nämlich den der übertragenden Weitergabe, vor: Geber und Abnehmer sollten, gedanklich intensiv verbunden, geistige Energien aufeinanderlenken. Im Vollmondlicht fährt der Behaftete jetzt über seine Wucherungen und konzentriert sich mit stärkster Kraft und den Worten »1 – 2 – 3 – 4 – meine Warzen schenk' ich dir« auf den Empfänger. Sei dieser, glaubten die Sachsen, von Herzen bereit, das Übel helfend auf sich zu nehmen, so werde der – ungerechte – Tausch wohl gelingen.

Folgende alte Überlieferung stammt aus Pommern:

»Schlage über die Warze bei abnehmendem Monde in einen Zwirnsfaden stillschweigend so viele Knoten, als Warzen vorhanden sind, und trage darauf den Faden einen Tag oder drei Tage bei dir; dann wirf ihn fort auf den Misthaufen oder vergrab ihn unter der Schwelle oder sonst in die Erde. Verbrennst oder vernichtest du den Faden, so nutzt das Mittel nicht. Findet jemand den Faden und hebt ihn auf, so wird der Betreffende alsbald mit Warzen behaftet.«

## Sommersprossen

Seit jeher waren wohlriechende Duftwässerchen und schönheitsfördernde Hautcremes bei Frauen und auch Männern beliebt. Auch die weniger gut betuchte Eva kannte einige Mittelchen und Tricks, um ihre äußeren Reize geschickt ins rechte Licht zu rükken. Eine makellose Haut galt als erklärtes Schönheitsideal in der Damenwelt. Bei fleckiger Haut war man nicht hilflos: Frisches, von einem Leichenstein aufgetupftes Regenwasser sollte – dreimal über Kreuz im abnehmenden Monde übers Gesicht verwischt – Sommersprossen und Leberflecken nachhaltig vertreiben.

Im »Faust« läßt Goethe Mephisto raten: »Nehmt Froschlaich, Krötenzungen kohobiert... im vollsten Mondlicht sorglich destilliert, und wenn er abnimmt, reinlich aufgestrichen – der Frühling kommt – die Tupfen sind entwichen.«

## Haarpflege

Wenn man es sich zudem noch zur Regel macht, die Haare prinzipiell nur am dritten Neumondtag zu kürzen, dann wird man möglicherweise über spärlichen Haarwuchs nie mehr klagen müssen.

Dunkles, im Vollmondschein geschnittenes Haar soll, zumindest nach Überzeugung mittelalterlicher Barbiere, in Bälde merklich heller werden.

# Liebe und Geld

Bemühungen um Schönheit und Sehnsucht nach Liebe sind enge Verwandte. »Lieber Mond, sage mir, wen ich werd' haben zum Manne hier«, baten die heiratswilligen Mädchen Sprottaus bei Oppeln, wobei sie der jungen Sichel drei herzhafte Kußhände zuwarfen, um des Zukünftigen Bild im nächsten Traum sehen zu dürfen. Doch Vorsicht! Bei abnehmendem Mond geschlossene Ehebünde könnten Kinderlosigkeit, Unglück und Armut bringen.

Apropos Armut: Die fromme Volksseele glaubte, Luna könne durchaus zu befreiendem Wohlstand verhelfen, wenn man es nur richtig anfange. Spielern wurde geraten, dem Mond nie den Rükken zu zeigen, weil solcherlei Respektlosigkeit unweigerlich zur Pechsträhne führen müsse; so empfahl es sich auch generell, neue Arbeitsstellen nur bei zunehmendem Mond anzutreten. Ganz gewiß aber bringe Frau Luna bares Geld, wenn man ihr das eigene finanzielle Dilemma vertrauensvoll offenbare und sie in die leere Börse hineinscheinen lasse.

Einige Zigeunerstämme entledigten sich beim Anblick jeder Neumondin gar ihrer Kleider: Mußte Selene bei soviel Nacktheit nicht Erbarmen zeigen? »Neumond ist herausgekommen – möge sie uns Glück bringen. Sie hat uns ohne einen Pfennig vorgefunden, möge sie uns mit viel Geld beschenken und mit guter Gesundheit und mehr«, murmelten die Kalderasch dann.

Auch das schon erwähnte Mosis-Buch hat einige Tips in Sachen Wohlstandsmehrung und Liebesentwicklung parat:

»Will man mit Hilfe der Geister zu Ausführung von Diebstahl, Raub, Einbruch, Diebeshehlerei, Gaunerei usw. ansprechen, so schreite man zu Werke, wenn das erste Mondesviertel frei und in vollem Lichte erscheint, weil in jeder anderen Zeit der Teufel leicht sein Spiel treiben könnte... Sachen der Liebe und des Fleisches zwischen beiden Geschlechtern machen sich ebenfalls am besten, wenn der Mond in voller Pracht in den Zwillingen steht und noch immer im Wachsen begriffen ist, noch besser aber, wenn er gerade im Zeichen der Jungfrau steht. Übrigens wiederholen wir nach allen diesen Andeutungen die große Hauptlehre: Beginnet nichts ohne Glauben, ohne vollen Glauben, denn ohne diesen ist alles eitel.«

Zigeunerinnen versuchten im nächtlichen Mondlicht gern, eigenes Haar mit einer Locke ihres Geliebten zu verflechten – ein uraltes Ritual, das, wenn es dreimal wiederholt wurde, beständige Liebe und Treue des begehrten Mannes garantieren sollte.

Bürgerliche Kreise neigten dagegen eher zu der Auffassung, Luna solle besser nicht auf das gemeinsame Bettlager, geschweige denn auf die Wiege eines Neugeborenen scheinen, weil ihre Strahlen Zwistigkeiten und Gemütsstörungen hervorrufen könnten. Gefährlich werde es freilich, wenn ein Mann im Mondschein Wasser lasse und anschließend eine Frau zu schwängern suche, eine Verfehlung, die nach Überzeugung der alten Oberpfälzer fast immer behinderte Kinder nach sich zieht.

Als böses Omen zählte auch versehentlich vergessene, im Nachtlicht getrocknete Wäsche, die nach düsteren Mutmaßungen schnell zur Totenkleidung werden könnte.

Im mittelalterlichen Pommern riet man den jungen Männern:

»Wer keine Liebe zum schönen Geschlecht fassen kann, ziehe sich am Freitagabend stillschweigend beim Mondenschein ein Mädchenhemd an und ziehe es am Sonntagmorgen wieder aus. Die Liebe erwacht.«

## Homunculus – der künstliche Mensch

Die Vorstellung, ein künstliches Wesen zum Leben erwecken zu können, ist keineswegs neu. Der deutsche Arzt und Naturforscher Paracelsus erklärte seinen Zeitgenossen, daß ein Kranker stets allumfassend, nämlich körperlich, seelisch und geistig, zu heilen sei. Paracelsus galt nicht nur als sehr überzeugter Mondbeobachter und Kräuterfreund, sondern bemühte sich ebenso, positive Veränderungen mittels Amuletten, Wort- und Zahlenmagie zu bewirken. Seine Experimentierfreudigkeit trieb ihn sogar zum Herstellungsversuch eines Homunculus, eines künstlichen Menschen. Hier seine Anleitung im Original:

»Dass der sperma eines Mannes in verschlossenen Curcurbiten perse, mit der höchsten Putrefaction ventre equino, putreficirt werde auff 40 Tag, oder so lang biss er lebendig werde, und sich beweg, und rege, welchs leichtlich zu sehen ist. Nach solcher Zeit wirdt es etlicher Massen einem Menschen gleich sein, doch durchsichtig, ohn ein Corpus. So er nun nach diesem, teglich mit dem Arcano Sanguinis humani gar weisslich gespeiset und ernehret wirdt, bis auff 40 Wochen, unnd in stäter gleicher Werme ventris equini erhalten: wirdt ein recht lebendig menschlich Kind darauss, mit allen Gliedmaßen, wie ein ander Kind, das von einem Weyb geboren wirdt, doch viel kleiner.«

## Rache

Wie für die Liebe, so gab es auch für die Rache einen wirksamen Zauber. Die Pommern jedenfalls wußten jemanden zu verprügeln, auch wenn er meilenweit entfernt war:

»Wenn der Mond an einem Donnerstage aufgeht, so gehe vor Sonnenaufgang zu einem Stock, den du dir vorher ausgesucht hast, stelle dich mit dem Gesicht gen Sonnenaufgang und sprich: ›Stock, ich schneide dich im Namen Gottes, im Namen Gottes, des Vaters und des Sohnes und des Heiligen Geistes.‹ Hierauf nimm ein Messer und sprich zum Stock: ›Ich schneide dich im Namen Gottes, daß du mir sollst gehorsam sein, welchen ich prügeln will, wenn ich seinen Namen anrufe.‹ Alsdann schneide auf beide Seiten des Stockes folgende drei Worte ein: *Abia, Obia, Fabia.* Willst du nun jemand prügeln, so lege deinen Rock auf einen Scheerhaufen, auch Schutthaufen, oder auf die Türschwelle und nenne dabei die Person, welche die Schläge bekommen soll. Darauf schlage mit dem Stock tapfer zu, so wird die Person dieselben Hiebe erhalten, die du auf deinen Rock tust.«

# Achtung, Mondschein!

Niemand kann Genaues über die Geburt unseres Erdtrabanten sagen, denn sein Ursprung und seine Entstehung sind der Wissenschaft bis heute ein Rätsel geblieben. Wurden in einschlägigen Fachkreisen auch vielerlei Geburtstheorien diskutiert, so läßt sich doch keine hundertprozentig beweisen.

Da gibt es zunächst die bereits im Jahre 1878 vorgeschlagene Abspaltungshypothese, nach der Mond und Erde einst ein vereinter Körper gewesen seien, aus dem Luna sich später aufgrund extrem schneller Rotationen herauslöste und selbständig machte. Doch die meisten modernen Forscher bezweifeln diese Möglichkeit. Um eine derartig immense Spaltung herbeizuführen, hätte unser Globus in etwa zwei Stunden einmal um die eigene Achse kreisen müssen – eine unvorstellbare Geschwindigkeit.

Als ebenso überholt gilt die sogenannte Einfangtheorie: Der Mond könne der Erde vor Zeiten zu nahe gekommen, von ihrem Magnetfeld angezogen und so auf immer und ewig an irdische Nähe gebunden worden sein – eine mittlerweile nach physikalischen Berechnungen ebenfalls auszuschließende Vermutung.

Auch die Doppel-Planeten-Fiktion, Erde und Mond seien möglicherweise unabhängig voneinander, jedoch zur gleichen Zeit und aus gleicher Materie entstanden, wurde verworfen und durch die 1984 auf einem Mondexperten-Kongreß auf Hawaii vorgestellte Aufprallhypothese abgelöst: Nichts als Gase, Staub- und Steinwolken, die sich langsam, aber kontinuierlich zu immer größer anwachsenden Verbänden ineinanderklumpten, sollen vor rund 4,6 Milliarden Jahren das gesamte Sonnensystem beherrscht haben. Eines Tages raste eine solche, vermutlich dem Umfang des Mars nahekommende Ansammlung mit großer Geschwindigkeit auf unsere junge Erdmutter zu, durchschlug ihre Oberfläche und schleuderte – selbst auseinanderberstend – gewaltige, glühende Felsbrocken ins All hinaus. Die hier verdampfenden Massen verdichteten sich schließlich zu Tröpfchen, welche wiederum zu kleinen Klumpen erstarrten, um sich später zu einem stetig anwachsenden Steingebilde zusammenzuballen. Nach etwa tausend Jahren war der Mond entstanden.

Heute mißt er ein Viertel des Erdumfangs und wiegt nur ein Einundachtzigstel unseres Globus, was nach wissenschaftlicher Ansicht als ein im Planetensystem einzigartiges Verhältnis gilt.

Interessanterweise lassen sich im Zusammenhang mit dieser Theorie weltweit Mythen finden, die von einem greifbar nahen Nachbarplaneten erzählen. In Afrika, Tibet und Peru glaubte man von einer fernen Epoche zu wissen, in der »noch kein Mond die Nacht erhellte«. Polynesier, Bakairi, Thai, Finnen und Sumerer, Hurriter, Mikronesier, Sibirier und andere, einander zum Teil unbekannte Völker, gaben an ihre Nachkommen Überlieferungen weiter, nach denen ein Gestirn vorzeiten so eng mit der Erde verbunden gewesen sein soll, daß man es mühelos betreten konnte.

Der Himmel, behaupten die brasilianischen Bakairi, lag früher neben der Erde, und man konnte bequem auf diesen hinübergelangen. Es starben dort aber zu viele Menschen, deshalb siedelte man auf die Erde über, und der Himmel stieg dahin empor, wo er jetzt ist.

Während die Finnen von einem Riesenkörper wußten, gegen den sich Zeltspitzen und Köpfe aufrecht stehender Menschen rieben, klagten die in China lebenden Thai über eine unbequem niedrige Himmelsdecke, an die Rinder mit ihren Höckern stoßen mußten. Und auch der verbreitete, in verschiedenen Variationen auftauchende Mythos vom großen Weltenei, aus dessen zerbrochenen Hälften sich Mond und Erde formten, erinnert an die neue Aufpralltheorie.

Diese Mythen stellen möglicherweise ererbtes, in verdichteter Form von Generation zu Generation weitergegebenes Wissen dar. Tatsächlich hat sich der Inhalt so mancher Sage – zuvor geringschätzig bis spöttisch belächelt – im nachhinein als naturwissenschaftlich durchaus denkbar erwiesen.

Im Laufe der Jahrmilliarden ist es auf dem Mond nicht gemütlicher geworden. Dort oben ist, weil es keine Atmosphäre gibt, die die Schallwellen weiterleiten könnte, kein Laut zu hören.

Steigen die Temperaturen unter gleißender Sonnenglut auf über 125 Grad Celsius an, so verfinstert sich die Landschaft bei Nachteinbruch mit schlagartiger Schnelligkeit, wobei Gestein und Geröll in knapp 60 Minuten bis zu minus 150 Grad erkalten.

Ebenso ungastlich dürften die zahlreichen Meteoriteneinschläge wirken. Da kein Strahlungsgürtel die Oberflächentemperatur bewahren und herbeischwirrende Teile abwehren könnte, ist Frau Luna allen nahenden Fremdkörpern schutzlos ausgeliefert. Nach jedem Einschlag bebt sie über Stunden hinweg wie ein angetippter Pudding nach.

Als noch gefährlicher gelten die unabgeschwächt aufprallenden ultravioletten Strahlen, Röntgenstrahlen und die kaum wahrnehmbaren, von Gasteilchen durchsetzten Sonnenwinde, vor denen wir durch Atmosphäre und Magnetfeld geschützt bleiben.

Will man das Erde-Mond-Größenverhältnis bildlich darstellen, so bietet sich der Vergleich zwischen einer blau eingefärbten Haselnuß und dem gelben Glaskopf einer Stecknadel an. Beide, 40 Zentimeter voneinander entfernt gehalten, repräsentieren Globus und Trabant im Taschenformat.

Obwohl runde 382 000 Kilometer weit entfernt, wirkt der »Stecknadelkopf« immerhin so stark auf die Erde, daß er in Gemeinschaft mit der Sonne die Weltmeere in ständiger Schwingung hält, Ebbe und Flut auslöst, die Luftschichten nebst dem täglichen Erdmagnetindex beeinflußt und sogar ganze Kontinente bis zu 50 Zentimeter anhebt.

Waren die meisten Kulturen von einer Mond-Regen-Verbindung überzeugt, so stritt man in neuerer Zeit derartige Einflüsse ab. Aber wissenschaftliche Erkenntnisse gelten nicht selten als korrigierbar. So geht man heute wieder von der Möglichkeit einer Einflußnahme des Mondes auf den Niederschlag auf der Erde aus: Amerikanische und australische Forscher kamen unabhängig voneinander zu dem Ergebnis, daß kurz nach neuem und vollem Mond ein erkennbar vermehrter Niederschlag zu verzeichnen ist, wenngleich solche Tendenzen erst über einen Zeitraum von vielen hundert Zyklen deutlich werden.

Liegen Erde, Sonne und Mond auf einer geraden Linie, einer Stellung, die alle 18,6 Jahre einmal auftritt, so scheint die Lunarkraft sogar in (wenn auch noch nicht erkundetem) Zusammenhang mit Erdbeben und klimatischen Trockenperioden zu stehen. Die Amerikaner Kilston und Knopoff analysierten alle zwischen den Jahren 1933 und 1980 registrierten kalifornischen Erdbeben und stellten fest, daß diese tatsächlich verstärkt zu Voll- und Neumond, besonders aber in jenem 18,6-Jahres-Rhythmus auftraten.

Andere Kollegen glauben, einen unleugbaren Zusammenhang zwischen der Mondbahn und den Dürreperioden des nordamerikanischen Mittelwestens erkannt zu haben, womit sich das uralte Vorstellungsbild vom Mond als Herr über die Feuchtigkeit bestätigt hätte.

Wenn also, so folgerten unsere Vorfahren, bei Vollmond am ehesten mit Regenfällen zu rechnen sei, müsse diese Phase dementsprechend der günstigste Aussaatzeitpunkt sein. Sir Francis Bacon riet im 16. Jahrhundert allen lunarisch-biologisch interessierten Gartenfreunden: »Nimm ein paar Samen oder Wurzeln und pflanze einige davon sofort nach Neumond, die anderen derselben Sorte direkt nach Vollmond ein. Laß sie unter gleichen Bedingungen gedeihen, was Erde und Standort angeht, am besten in Töpfen. Stell die Töpfe dort auf, wo sie vor Regen und Sonne geschützt sind, damit nicht Witterungseinflüsse das Experiment zunichte machen. Dann beobachte, in welchem Zeitraum die bei zunehmendem Mond gesetzten Pflanzen eine gewisse Höhe erreicht haben und wie sie sich von denen unterscheiden, die bei abnehmendem Mond gesetzt wurden.«

Am Biologischen Institut in Stuttgart wurde nach zehnjähriger Beobachtungszeit festgestellt, daß Tomaten, Radieschen, Salate, Mais, Kohl und Wirsing am üppigsten und wohlschmeckendsten gediehen, wenn sie exakt zwei Tage vor Vollmond gepflanzt bzw. gesät wurden.

Aber das ist noch längst nicht alles. Dr. Harold Saxon Burr von der amerikanischen Yale-Universität, der schon durch viele aufschlußreiche Experimente für internationales Aufsehen sorgte, mochte sich nämlich mit den Resultaten allein nicht zufrieden geben. Er wollte das »Wie« und »Weshalb« wissen und begann, die elektrischen Impulse junger, noch im Wuchs befindlicher Bäume zu messen. Das erhöhte Ansteigen dieser Impulse ist stets mit einem Wachstumsschub verbunden. Aus seinen Messungen und Berechnungen kristallisierte sich bald eine deutliche, direkte Verbindung zwischen Mondzyklus und Pflanzenwuchs heraus, denn elektrische Strahlung und hiermit verbundenes effektives Wachstum scheinen in Voll- und Neumondphasen am intensivsten zu sein.

Eine ähnliche Entdeckung machte der an der North-Western-Universität in Illinois tätige Wissenschaftler Professor Frank A. Brown. Er interessierte sich sehr für Vorgänge pflanzlicher Sauerstoffaufnahme. Konnten diese ebenfalls lunarisch beeinflußt sein? Brown benutzte für seine Experimente von allen Umwelteinflüssen hermetisch abgeschirmte Kartoffeln. Zehn volle Jahre hindurch notierte er nun sämtliche Werte. Sie bestätigten, daß der Sauerstoffverbrauch seiner Knollenfrüchte mit verläßlicher Regelmäßigkeit vor dem vollen Mond am stärksten, kurz nach Neumond jedoch am geringsten war, wobei sich tägliche, durch Auf- bzw. Untergänge verursachte Schwankungen registrieren ließen. Selbst dickste Kellerwände scheinen Pflanzen nicht von ihrem mondorientierten Rhythmus abzuhalten.

Auch deutsche Wissenschaftler beschäftigen sich mit solchen Zusammenhängen. Im süddeutschen Gars kann man ein möglicherweise zukunftsweisendes Waldprojekt mit sogenannten »Planetenbäumen« besichtigen. Auf dem Hof Grub glaubt man, eine noch feinere, aber nicht minder interessante Nuance der Mondeinflußtheorie entdeckt zu haben. Jede Baumart – so die These – stehe in Beziehung zu einem bestimmten Planeten. Ahorn und Jupiter, Esche und Sonne, Ulme und Merkur, Eiche und Mars, Tanne und Saturn wie auch Kirschbaum und Mond seien solche Paarungen. Befindet sich nun einer dieser Himmelskörper in Oppositions- oder Konjunktionsstellung zum Mond, so wird durch diesen möglicherweise nicht nur das Sonnenlicht, sondern auch fremdes Sternenlicht widergespiegelt. Deshalb pflanzte Martin Schmidt, der seit 1947 die Forschungs- und Zuchtarbeit auf Hof Grub betreute, jede Baumsorte stets gemäß der Mondlichtwiedergabe ihres Lieblingsplaneten an – Eichen zum Beispiel dann, wenn der Mars im Zeichen des Mondes stand – und meinte bald, auffallend positive Zusammenhänge registrieren zu können: verbesserte Keimfähigkeit, kräftigere Wurzelbildung, längerer Stammwuchs, üppigere Kronenausbreitung und vermehrte Widerstandskraft gegen Schädlinge, Pilzbefall und Frosteinflüsse.

Wie viele und welche erdkosmischen Verbindungen und Verknüpfungen mag es darüber hinaus geben? Welche Zusammenhänge, die finanziell nicht gewinnbringend sind, mögen bisher vernachlässigt worden sein?

Wenn der Mond Kartoffeln intensiver »atmen« und Pflanzen besser gedeihen läßt, muß seine Existenz auf andere Lebewesen gleichfalls wirken.

In der Tat sind der Zoologie viele Parallelen zwischen Mondrhythmus und tierischen Verhaltensmustern bekannt. Einschlagendes stellen die unter Feinschmeckern so begehrten Austern dar. Sie filtern täglich bis zu 65 Liter Wasser und verzehren dabei gute 72 Millionen Kleinstorganismen. Lange Zeit hindurch hielt man das synchron zu Ebbe und Flut verlaufende Öffnen und Schließen ihrer Schalen für gezeitengesteuert. Doch der bereits schon erwähnte Professor Brown, durch die lunare Abhängigkeit seiner laborgezogenen Kartoffelknollen stutzig geworden, konnte diese Erklärung nicht mehr gelten lassen. Er schaffte 15 prächtige Austernexemplare von der Küste Connecticuts ins immerhin 1600 Kilometer weit entfernte Evanston und setzte sie in isolierte, unter gleichbleibende Licht-, Druck- und Temperaturverhältnisse gehaltene Glasgefäße.

Knapp zwei Wochen behielten die Muscheltiere ihren alten Rhythmus bei, dann aber hatten sie sich allesamt korrekt dem Mondtakt ihrer neuen Heimat angepaßt, womit sein Einfluß auf sie auch hier, inmitten des Festlandes, als eindeutig gesichert anerkannt werden muß.

Ähnlich verhalten sich Fiedelkrebse, Seesterne, Venusmuscheln, Schnecken, Würmer und viele Fischarten. Zur Zeit sind der Wissenschaft insgesamt 120 lunargesteuerte Tierarten bekannt. Sie scheinen eine »innere Monduhr« zu besitzen, die ihnen zuverlässig signalisiert, an welchem Tag, ja, zu welcher Stunde sie sich versammeln, ernähren, verstecken oder vermehren müssen.

Ein anderes in der Fachliteratur oft zitiertes Beispiel sind die Palolos des Südpazifiks, kleine, etwa zehn Zentimeter lange Würmer, die versteckt zwischen unzähligen Felsen und Riffen des

Meeresbodens leben. Aber einmal jährlich – nämlich sieben bis neun Tage vor dem vollen Mond im Oktober oder November – tauchen sie millionenweise empor, um sich zu teilen und Eier und Sperma in die See zu schütten. Würden nicht alle Männchen und Weibchen gemeinsam zu einem kollektiven Höhepunkt angeregt, hätten Sperma und Eier in der unendlichen Wasserflutenfülle kaum eine Chance zusammenzufinden.

Ähnlich hält es der indonesische Wawo-Wurm, der die zweiten und dritten Nächte der März- und Aprilvollmonde bevorzugt, während sich der japanische Bachi-Palolo nur nach Voll- und Neumonden im Oktober und November auf ein Paarungsritual einläßt, zur Freude aller Fischer, die das pünktliche Erscheinen dieser sonst verborgenen Meeresdelikatessen wohl zu schätzen wissen. Und auch diese Phänomene finden unter freiem Himmel ebenso wie in dunklen, unterirdisch gehaltenen Wassertanks statt.

In Vollmondnächten schwirren wesentlich weniger Mücken als üblich herum. Zumindest ist dies eine von Insektenforschern festgestellte Tatsache, die dem Brauch unserer Vorfahren, zu diesem Zeitpunkt Feste zu feiern, nur entgegenkam. Am afrikanischen Victoriasee tätige Naturbeobachter glauben, daß der Vollmond zumindest den Fortpflanzungstrieb der hier beheimateten Eintagsfliege anregt.

Professor Brown beobachtete über zwei Jahre hinweg gefangengehaltene Hamster, Mäuse und Ratten, die sich zur Vollmondzeit auffallend überaktiv verhielten und ihre offensichtlich stark erweiterte Empfindsamkeit durch vermehrtes Laufen und Klettern zum Ausdruck brachten. Henry Havelock berichtete in seinem Werk »The Psychology of Sex« von Untersuchungen, nach denen bestimmte Primaten bei Vollmond nachweislich erhöhten Blutdruck und gesteigerte sexuelle Lustsymptome aufwiesen.

Tiere und Pflanzen scheinen also den Vollmond zu feiern. Auch wir sollten ihm mehr Beachtung zollen, denn sein Einfluß auf unsere Spezies ist nicht zu unterschätzen.

Von Krisen und verstärkten Blutungen, die nach chirurgischen Eingriffen an Voll- und Neumondtagen deutlich vermehrt aufzutreten scheinen, war bereits die Rede. Noch sind es nur einzelne

Berichte, die auf weitere, ähnliche Phänomene aufmerksam machen. Drei Beispiele:

Der Heilpraktiker Peter Mandel aus Bruchsal glaubt eine Verbindung zwischen Mond und Neurodermitis erkannt zu haben. »Mercur solubile«, ein homöopathisches Mittel, das Kindern ausschließlich in Vollmondphasen gegeben wurde, habe die lästige Hautkrankheit in einigen Fällen vertrieben, während dasselbe Mittel anderen Patienten, zur üblichen Zeit verabreicht, keinerlei Besserung brachte.

Der Berliner Arzt Dr. Hilmar Heckert meint, daß die Menge des menschlichen Harnsäuregehaltes, die Fähigkeit des Farbensehens und das Auftreten epileptischer Anfälle durchaus lunarabhängig sein könnten. Mit der letzten Vermutung steht Dr. Heckert nicht allein. 1977 konnte man in einer russischen Fachzeitschrift von epileptischen Anfällen lesen, die bei Voll- und Neumond 1,5mal so wahrscheinlich wie zu anderen Zeiten auftraten. Der Artikel endete mit dem eindringlichen Appell, das wissenschaftliche Augenmerk künftig verstärkt auf mögliche Magnetfelder-Gehirn-Zusammenhänge zu richten.

Noch eindeutiger wirkt Luna auf den weiblichen Körper. In den Frauen scheint gleichfalls die »innere Monduhr« der Wassertiere zu ticken. Nach diversen Statistiken erwarten überdurchschnittlich viele Frauen nach dem üblichen 29,8-Tage-Rhythmus im Voll- oder Neulicht ihre Periode, wie überdurchschnittlich viele Babys, in der Regel nach zehn Mondmonaten, in einer dieser beiden Phasen geboren werden.

Jede Frau könnte ihren eigenen Menstruationszyklus theoretisch selbst steuern: Matriarchatsforscher vermuten, daß die Frauen jener Kulturen, die nachts im Freien zu schlafen pflegten, fruchtbare Tage und Blutungen gemeinsam erlebten: Der Mondschein vermag nämlich, wie jede andere direkte Beleuchtung, den Eisprung physiologisch zu stimulieren. Louise Lacey folgert in »Lunaception« daraus: Der weibliche Zyklus kann durch eine dezent stromerhellte Lampe, die »frau« ein paar Monate hindurch im heimischen Schlafzimmer brennen läßt, mit Mondins Zyklus synchronisiert werden, wobei sich die Mensis bald auf die Neumondzeit einpendeln wird. Wer nun gewissenhaft Tabellen führt, vermag die Tage der eigenen Fruchtbarkeit exakt zu berechnen.

Geradezu sensationell mutet die von dem tschechischen Psychologen Dr. Eugen Jonas wiederentdeckte, vermutlich schon im alten Babylon und Assyrien praktizierte Kosmobiologische Geburtenkontrolle an, die der gängigen Eisprungtheorie beweiskräftig entgegentritt. Dr. Jonas ermittelte, daß jede Frau neben ihrem Menstruationsrhythmus noch einen zweiten, unsichtbaren Zyklus durchlebt. Dieser richtet sich nach der zum Zeitpunkt ihrer Geburt vorherrschenden Mondphase und bleibt ein Leben hindurch konstant. Vor allem aber beschert jene allmonatlich wiederkehrende Luna-Stellung die optimalen Tage einer Empfängnisbereitschaft, die je nach Wunsch für oder gegen eine Schwangerschaft genutzt werden können.

Es soll mit dieser Methode sogar möglich sein, das Geschlecht des Wunschkindes im voraus zu bestimmen. Dr. Jonas gelang es anhand zahlloser Untersuchungen, Hinweise dafür zu sammeln, daß der Mondstand zur Stunde der Zeugung in den Sternzeichen Widder, Zwillinge, Löwe, Waage, Schütze oder Wassermann mit einer nahezu 98prozentigen Wahrscheinlichkeit für den männlichen Nachwuchs sorgt, während in anderen Tierkreiszeichen gezeugte Babys weiblich werden sollen.

Weder schulweisheitliche Überheblichkeit noch Ironie oder sonstige Zweifel können Mondins Macht über Fruchtbarkeit und Geburt mindern. Die religiösen Ideen und Überlieferungen unserer Voreltern dürfen nicht belächelt werden. Sie wußten, was sie glaubten.

Solche Erkenntnisse sollten uns Respekt vor der Astrologie abnötigen; wenn Mond und Sterne tatsächlich entscheidend auf unser Werden und Wachsen wirken, kann man ähnliche Einflüsse auf Leben und Schicksal nicht mehr kategorisch verwerfen.

Dr. Jonas fand breite internationale Anerkennung. 30 000 Berechnungen konnten eine Erfolgsquote von 98 bis 100 Prozent verzeichnen, womit die Kosmobiologische Geburtenkontrolle im statistischen Sicherheitsbereich der Antibaby-Pille liegt.

Ein altes indisches Sprichwort sagt: »Das Blut des Menschen gehorcht dem Mond.« Wie aber steht es mit der Psyche?

Viele Menschen können bei Vollmond nicht schlafen, und schon Shakespeare wußte, daß diese Mondphase uns regelrecht verrückt machen kann. Auch einige Psychologen unserer Zeit glauben, daß der Vollmond latente negative Anlagen verstärken und zum Ausbruch bringen kann. Psychiatrische Notdienste, Polizei- und Feuerwehrstationen wissen rund um den Globus ein Lied davon zu singen. Sie merken es oft schon in der letzten zunehmenden Mondphase, wenn ein spürbarer Arbeitszuwachs zu bewältigen ist, um depressive und selbstmordgefährdete Mitbürger vor dem Schlimmsten zu bewahren. Dabei sind Beobachtungen über Alkohol- und Drogenabhängige, über Kleptomanen, über labile und zu Gewalttätigkeit neigende Menschen, die bei Vollmond leichter als sonst rückfällig werden, seit langem bekannt. Schwestern und Pfleger der früher sogenannten »Irrenhäuser« fürchteten jene lichthellen Nächte, weshalb es zum Beispiel in einigen Hospitälern in den Vereinigten Staaten noch bis in das Jahr 1908 hinein üblich gewesen sein soll, Kranke vorsorglich zu verprügeln, um einer möglicherweise aufkommenden »Mondaggressivität« vorzubeugen.

Die vermutlich ersten konkreten Beweise für derartige Phänomene erbrachten die Psychologen Dr. A. Lieber und Dr. C. R. Sherin aus Miami in Florida. Sie errechneten die lunaren Momente von rund 1800 Mordfällen aus einer fünfzehnjährigen Zeitspanne: Bei Vollmond geschahen wesentlich mehr Bluttaten, nämlich durchschnittlich 80, während in den übrigen Mondphasen »nur« etwa 63 Morde begangen wurden. 1972 erschien der Lieber-Bericht im »American Journal of Psychiatry« und löste heiße Diskussionen in der Fachwelt aus. Vier Jahre später erschien das Ergebnis einer ebenso interessanten Untersuchung, die von zwei Psychologinnen, Dr. Jodi Tasso und Dr. Elisabeth Miller aus Cincinnati in Ohio durchgeführt worden war. Die Frauen interessierten sich für alle Strafakten ihrer Heimatstadt. Beide konnten gleichfalls eindeutig belegen, daß sich die gesamte Palette möglicher Freveltaten in der Vollmondzeit deutlich häufiger als sonst abzuspielen pflegte. Ähnliche Ergebnisse kamen außer in den USA auch in Australien und Kanada zutage.

Sicherlich mag mancher latente, seines Schlafes beraubte Kranke nervöser und aggressiver sein. Und dennoch ist diese Erklärung allein nicht ausreichend. Von alters her glaubte man eine mondische Verbindung zu den menschlichen Körpersäften zu kennen, welche von der offiziellen Ärzteschaft noch bis in das 18. Jahrhundert hinein in Blut, Schleim, Galle und Lebergalle eingeteilt wurden. Es hieß, sie seien zugleich für vier klassische, bereits von Hippokrates definierte Grundtemperamente verantwortlich: für den sanguinisch-lebhaft-hitzköpfigen, den phlegmatisch-trägen, den cholerisch-reizbar-impulsiven und den melancholisch-depressiv-pessimistischen Wesenstyp. Wie unsere Mondin irdische Wassermassen durch Ebbe und Flut in Bewegung halte – so die Logik der antiken Lehre – manipuliere und regiere sie auch den Fluß unserer Körpersäfte.

Paracelsus lastete dem Mond gleichfalls diverse körperliche und seelische Mißstimmigkeiten an: Er habe, besonders im vollen Zustand, ähnlich einem Eisenmagnet die Macht, Körper- und Gehirnsäfte anzuziehen und den inneren Menschen in Unordnung zu bringen; wogegen Neumond glücklicherweise nur die »feinen Säfte« bewege. Geisteskranke, »... deren Leiden vom Mond kommt«, nannte Paracelsus »lunatici«. Heute wissen wir, daß mit jenen sogenannten Körpersäften unter anderem auch Hormone gemeint waren, von denen ein winziger Anteil zuwenig oder zuviel tatsächlich verheerende Verwirrungen auslösen kann. Wäre es denkbar, daß unser Gefühlsleben in kaum meßbarer Form den Mondgezeiten unterworfen ist?

Diese Frage gab »Anlaß zu allerlei Spekulationen um ›biologische Gezeiten‹. Doch der Effekt ist verschwindend gering: Die ›Wasseransammlung Mensch‹ deformiert sich unter der Flutwirkung um nicht mehr als ein Millionstel Promille«; und noch viel geringer ist der Effekt, dem die einzelnen Körperzellen ausgesetzt sind, ließ sich im Dezemberheft der Zeitschrift »GEO« 1984 nachlesen.

Nichtsdestotrotz häufen sich Entdeckungen und Mutmaßungen, die selbst den größten Skeptiker zumindest nachdenklich stimmen müßten. Professor G. Piccardi, der das Institut für Physikalische Chemie an der Universität von Florenz leitete, stieß vor wenigen Jahren auf ein geradezu sensationelles Phänomen: Wenn chemische Experimente unter absolut gleichen Bedingungen mehrmals täglich wiederholt werden, verlaufen die Reaktionen niemals mit derselben Geschwindigkeit, es sei denn, die Reagenzgläser werden durch dicke Metallwände hermetisch von der Umwelt abgeschirmt. Was könnte die Ursache für solche Differenzen sein?

Jahrelang experimentierte Piccardi; er schloß seine Studien schließlich mit der Erkenntnis ab, daß nur außerirdische Einflüsse, wie Sonnentätigkeit, Mondphasen und möglicherweise auch Wirkkraft-Spuren der uns nächststehenden Planeten die gesuchten Auslöser sein können.

Der englische Anthropologe Lyall Watson erklärt in seinem Buch »Lebensgezeiten«, daß die Flüssigkeit in unserem Körper ein vollkommenes Abbild des Urmeeres ist. Die Konzentration von Natrium, Kalium und Chlorid in unserem Blut, von Kobalt, Magnesium und Zink in unserem Zellgewebe ist mit der des Meeres vor über 4 Milliarden Jahren identisch. Die Metalle, die sich als Spurenelemente in unserem Körper finden, sind vermutlich bei Sternexplosionen lange vor der Geburt unserer Sonne entstanden. Sie waren Bestandteile der metallreichen Staub- und Gasmassen, aus denen unser Sonnensystem hervorgegangen ist.

Eine in diesem Zusammenhang aufschlußreiche Erkenntnis gewannen Daniel Greenberger und Albert Overhauser, zwei Physiker, die an der City-Universität in New York arbeiten. Sie wiesen nach, daß sich selbst minimale Gravitationsschwankungen in der Materie widerspiegeln. Allein das zentimeterweise Anheben des – die Meßgenauigkeit prüfenden – Justierhorizontes ihrer Geräte ließ Neutronen schwerer oder leichter werden. Die Physiker glauben, diesen Sachverhalt auf alle lebenden Zellen übertragen zu können. Wir erkennen eine geheimnisvolle Wechselwirkung zwischen Mikro- und Makrokosmos und beginnen zu ahnen, daß unser Körper viel feinsinniger und empfindsamer auf kosmische Einwirkungen reagiert, als man es ihm bis vor kurzem noch zugestehen wollte. Es gibt weitere Erwägungen zu möglichen Mondeinflüssen: Eine Theorie besagt, Lunas Nähe könne auf das Magnetfeld der Erde einwirken.

Die Erforschung menschlicher Sensivität auf schwach-elektromagnetische Felder ist wissenschaftliches Neuland. Man weiß, daß sich Erdmagnetismus unter anderem durch verstärkte Sonnenaktivität und Vollmond zu steigern pflegt. Noch relativ unbekannt ist die Entdeckung japanischer Wissenschaftler, die ein zum anwachsenden Erdmagnetismus paralleles Absinken der Leukozyten nachwiesen, weißer Blutkörperchen, die wichtige Abwehraufgaben zu erfüllen haben.

Der Mond hätte folglich die Macht, unsere Widerstandskraft zu schwächen. Werden deshalb etliche Zeitgenossen so aggressiv? Könnte die mondische Unruhe der Geisteskranken auf erhöhte elektrische Gehirnimpulse zurückzuführen sein, die sich synchron zum Anwachsen des geomagnetischen Feldes einstellen?

Dr. Arnold Lieber ist von dieser Möglichkeit wie von der Wasseranziehungstheorie überzeugt. In seinem Buch »The Lunar Effect« schreibt er: »Wenn kosmische Zyklen zusammentreffen, wie 1974, als der Meeresspiegel extrem anstieg, wird der menschliche Organismus plötzlich einem massiven Bombardement elektromagnetischer Kräfte ausgesetzt. Der Angriff verlagert auf verhängnisvolle Weise das Gleichgewicht zwischen unserer Innen- und der Außenwelt. So kann das Nervensystem in Aufruhr geraten, weil die Reizschwellen sich ändern. In verschiedenen Körperteilen kommt es zu Wasseransammlungen oder -defiziten.«

Der Neurologe Dr. Leonard Ravitz von der Duke Universität, North Carolina, konnte ebenfalls veränderte, anscheinend den Mondzyklen angepaßte Hirnfrequenzen seiner Patienten belegen. Bei Voll- und Neumond scheinen Gehirne höchste elektrische Spannung abzugeben. Gesunde Menschen spüren diese Einflüsse jedoch kaum. Selbst der hellste Vollmond vermag uns niemals unserer Sinne oder gar Selbstkontrolle zu berauben.

Eine weitere Theorie stützt sich auf eine möglicherweise durch den Mond hervorgerufene erhöhte Konzentration positiver Ionen. Das sind milliardenfach umherschwirrende, elektrisch geladene Atome oder Moleküle, die unsere Luft in Neu- und Vollmondphasen wesentlich intensiver als an anderen Tagen durchfluten sollen. Während negative, durch Elektronenaufnahmen angereicherte Ionen als die agilen Muntermacher der Natur gelten, machen sich zu viele positive, infolge von Abspaltung locker gebundene Teilchen durch vorzeitige Erschöpfung, unbegründete Ängstlichkeit und Depressivität bemerkbar. Jeder hat diesen Unterschied schon einmal während eines Gewitters gespürt: Menschen und Tiere fühlen sich in der drückenden Schwüle müde und matt, denn die Atmosphäre ist wie ein praller Schwamm von einer

Überzahl positiver Ionen durchtränkt; nach der befreienden Entladung atmet die Natur dann wieder auf. Es ist zumindest denkbar, daß die berühmten »Vollmondkoller« durch einen solchen Überschuß positiver Ionen verursacht werden.

Es bleibt abzuwarten, was künftige wissenschaftliche Erkenntnisse noch offenbaren werden. Es gibt eine Mondmacht, soviel steht fest, obwohl nicht alle Menschen gleichermaßen auf sie reagieren. Wer wissen möchte, wie es mit der eigenen Luna-Sensibilität bestellt ist, wird den Himmel und sich selbst beobachten müssen.

Machen Sie es sich für einen längeren Zeitraum zur Gewohnheit, Phasen Ihrer persönlichen Spitzenleistungen ebenso wie alle Tage, an denen Sie besonders niedergeschlagen, unruhig und reizbar sind, zu notieren. Vergleichen Sie diese Werte später mit vergangenen Mondphasen. Kristallisiert sich ein Rhythmus heraus? Häufen sich bei Voll- oder Neumondstand besondere Auffälligkeiten?

Jeder kann bei sich selbst anfangen und beobachten, wie der Mond Einfluß auf sein Verhalten und seine Leistung nimmt. Es sind noch längst nicht alle Kapitel über die Macht des Mondes geschrieben.

# Mondkultur heute

In ihrem Buch »Mond Mond« empfiehlt die Autorin Anne Kent Rush, die Tage seiner dunklen Etappen für Ruhe, Meditation und innere Einkehr zu nutzen, während Vollmondphasen für schöpferische geistige und seelische Aktivitäten am besten geeignet seien. Die Zwischenzeiten sollten vorbereitenden Handlungen gehören. Doch billigt das derzeitige Arbeitsleben den wenigsten Menschen solcherlei Spielräume zu. Die Orientierung nach den Mondphasen ist eben kein wirtschaftlich bedeutender Faktor.

Um herauszufinden, ob und wo sich bis heute erhaltene Überbleibsel von Mondverehrung aufspüren lassen, muß man ein wenig forschen. Interessanterweise scheint der Mond in relativ naturnahen und nicht christianisierten Kulturen die meiste Beachtung zu genießen. Hier ein paar Beispiele:

Das Zeitverständnis der afrikanischen Landbevölkerung orientiert sich nach wie vor am Stand des Mondes. Bei dem in Äthiopien beheimateten Mänsa-Stamm ist es üblich, die Neumondsichel zu begrüßen und jeden auf das freudige Ereignis hinzuweisen. Man winkt und ruft ihr »Arro« oder »Helal« zu, was etwa soviel wie »Mögen wir gesegnet sein« bedeutet. Die Mänsa-Frauen nutzen Neumondphasen, um Wohltaten für sich, ihre Männer und Kinder zu erbitten. Nach rituellen Anrufungen pflegen sie Salz ins Feuer zu streuen: Gleich den Körnern mögen auch alle Feinde im Feuer vergehen.

Buben und Mädchen überreichen nach treu überlieferter Sitte jedem Nachbarn zwei junge Grasstengel mit den Worten »Nehmt, der Mond geht auf«. Aber auch Männer wollen den Mondschutz nicht missen. In Gebetsgruppen trägt jedes Stammesglied einen geschlungenen Halm um den Kopf, an dem ein weiterer Stiel, vor der Stirn befestigt, gleich einer Antenne in die Mondrichtung weist. Nun strecken die Betenden abwechselnd einen Arm aus, wobei die offene Handfläche gegen das Nachtlicht gewendet wird.

Auf Bali genießt Frau Luna ein derart hohes Ansehen, daß einige Regierungsbeamte ernsthafte Überlegungen angestellt haben sollen, die diplomatischen Beziehungen zu den Vereinigten Staaten abzubrechen, als diese sich 1969 »erdreisteten, ihre Heiligkeit zu betreten«.

Nyepi, das balinesische Neujahrsfest, fällt stets auf den Neumond des neunten Monats und gilt als ein Tag besinnlichen Fastens, an dem jeglicher Straßenverkehr verboten ist. Im Vollmond des Mai finden festliche Prozessionen zum »Waicak«, dem Geburtstag Buddhas, statt. Eine vielbestaunte Sehenswürdigkeit ist der legendäre »Mond von Pejeng«, die größte aus einem Stück gegossene Bronzetrommel der Welt. Ihr sagt man nach, sie sei vor undenklichen Zeiten als ein Teil des Ohrgeschmeides der Mondgöttin Dewi Ratih vom Himmel gefallen und mit übernatürlichen Kräften ausgestattet.

In Japan bereitet man in August- und Septembernächten – zumindest auf dem Lande – sogenannte »Mondbetrachtungsklöße« zu, die in Vollmondnächten andächtig verzehrt werden.

Ähnliche Bräuche existieren in China: Eine der drei großen chinesischen Hauptjahresfeiern findet zum Vollmond der Herbst-Tagundnachtgleiche statt, als ein der Göttin Heng-O, Shing-Moo oder Hengugo geweihtes Fest, an dem ausschließlich Frauen und Kinder teilnehmen. Es gibt an jeder Straßenecke kleine weiße Hasen und behelmte Soldatenfiguren mit Hasengesichtern zu kaufen, denen später allerlei Obst, Früchte und Blumen geopfert werden. Bunte, überlebensgroße Pappwände zeigen einen stolzen Palast, hinter dessen Mauern ein Hase die begehrte Droge der Unsterblichkeit mixt. Man erinnere sich – Lunas bekanntestes und beliebtestes Symbol ist schon von alters her Meister Lampe.

Sobald die schimmernde Mondscheibe aber über den Hausgiebeln erscheint, beginnen die Hauptzeremonien. Den bunten Figuren werden nun Früchte und süße, runde, eigens zu diesem Zweck gebackene Kuchen geopfert. »Liebe alles im Universum, denn Sonne, Mond und Erde sind ein Körper«, lautet ein altchinesisches, in solchen Nächten oft und gern zitiertes Sprichwort. Darüber hinaus symbolisiert der Mond Glück und Versöhnung.

Viele Völker des Nahen und des Fernen Ostens richten sich heute gleich ihren Vorfahren nach Mondkalendern, deren erste Anfänge vermutlich dem 3. Jahrtausend v. Chr. in Babylon entstammen. Diverse lunare Berechnungsarten werden praktiziert. Mohammed erklärte die seine, nach der jeder junge Monat und jedes neue Jahr obligatorisch mit dem Neulicht zu beginnen habe, als die für gläubige Moslems einzig verbindliche. Der Fastenmonat Ramadan beginnt mit dem Aufziehen des Neumondes am Himmel. Etwa eine Milliarde Moslems darf dann einen Monat lang zwischen Sonnenauf- und Sonnenuntergang nicht essen, trinken, rauchen oder Geschlechtsverkehr haben.

Was den Christen das Kreuz, ist den islamischen Völkern der Mond. Hier, wo Frauen im Hintergrund stehen, gilt die Mondin, ursprüngliches Zeichen aller Weiblichkeit, als religiöses Statussymbol, das, wenn wir alttürkischen Überlieferungen Glauben schenken dürfen, einst dem Diana-Kult entsprungen sein soll:

In einer Nacht des Jahres 339 v. Chr. versuchte Philipp II. von Makedonien die Stadt Byzanz zu erobern. Als seine Soldaten jedoch heimlich die Festungsmauern erklimmen wollten, trat die strahlendhelle Mondsichel zwischen den Wolken hervor. Sie half den Byzantinern, die feindlichen Widersacher zu entdecken und niederzuschlagen. Zum Dank errichtete das Volk der Diana ein prächtiges Denkmal und ernannte zur Erinnerung den Halbmond zum Wahrzeichen der Stadt. Seit dem 15. Jahrhundert türkisches Hoheitsemblem, gilt er nun allen islamischen Ländern als Glücks- und Einigkeitssymbol.

Auch Europa hat eine enge Beziehung zum Mond: Wer weiß schon, daß der Name unseres schönen Kontinents vermutlich der griechischen Mondgöttin Europa entliehen wurde und soviel wie »weißes Gesicht« bedeutet? Daß Begriffe wie etwa Selenographie, die Beschreibung der physikalischen Mondoberflächenstruktur, oder Selenologie, die allgemeine Lehre der Mondbeschaffenheit, vom Namen der uns schon gut bekannten Selene, der großen himmlischen Geburtshelferin abgeleitet wurden? Weitere, wenn auch verblaßte Erinnerungen finden sich im alltäglichen Sprachgebrauch wieder, denken wir nur an unseren »Mond-Tag«. Wirres oder albernes, lunaphasenabhängiges Verhalten bezeichnet der deutsche Volksmund als »mondsüchtig«.

Besonders englischer Wortschatz kennt Wörter wie »moonshine« gleich Unsinn, »moonish« gleich launisch, »mooning«, was geistesabwesendes Umherwandeln meint, oder aber »lunacy«, was zu deutsch gar Wahnsinn heißt. Ähnlichkeiten gibt es im französischen Vokabular.

Mit großer Wahrscheinlichkeit entspringen diese Begriffe jenen angeblich so verruchten Mondscheinorgien heidnischer Zeiten, die von Vertretern des »rechten Glaubens« mit einem negativen Vorzeichen versehen wurden, um die seelenschädigende Gefährlichkeit der ganzen Mondguckerei zu suggerieren.

In Europa scheint gegenwärtig jedenfalls der Mondkult wesentlich magerer als in anderen Erdteilen auszufallen. Es sei denn, wir suchten ihn im Abseits des Christentums, im heute noch existierenden, gerade wieder neu aufblühenden Hexenwesen.

Hier scheint er nach wie vor eine herausragende Rolle zu spielen, denn die Mondin verkörpert für ihre Anhängerinnen den Inbegriff aller weiblichen Energien. Moderne feministische Astrologinnen, die sich auch aus Solidarität zu ihren verfolgten Vormüttern bewußt als Hexen bezeichnen, vermuten in Frau Luna die stärkste Einflußmacht auf unbewußte Energiequellen. Sie glauben, daß die zunehmende Mondscheibe subtile Kräfte ansteigen und parallel zu ihrer Abnahme wieder sinken läßt. Astrologisch orientierte Heilerinnen nutzen zunehmende Sichelphasen für Wachstumszauber, die abnehmenden dagegen zum Bannen, zum Binden und Aufspüren verborgener Geheimnisse. Die Vollmonde aber werden nach urvertrauter Kalendertradition durch Treffen, Feste und Riten geehrt.

Die englische Ägyptologin Margaret Murray und der amerikanische Mythenforscher Charles Godfrey Leland sehen in heutigen Hexengemeinschaften, zu denen übrigens auch Männer zählen, letzte Überreste des Diana-Kultes, dem ein Großteil europäischen Hexenbrauchtums entsprungen sein soll.

Tatsächlich gibt es Gruppen, die sich mit Bedacht »dianische Hexen« nennen und die heimlich auf einsam gelegenen Waldplätzen oder hinter verschlossenen Türen ihrer wiederentdeckten Himmelskönigin huldigen.

Es würde den Umfang dieses Buches sprengen, wenn man auf

alle Sitten und Gepflogenheiten der verschiedenen gegenwärtigen Zirkel eingehen wollte. Eine Überlieferung ist jedoch erwähnenswert – das allmonatliche Anrufungsritual der Großen Mutter, eine Zeremonie, die als symbolische Herabholung der Mondin verstanden wird:

Die Hohe Priesterin erhebt einen gefüllten Kelch gegen den Mond. Sie bittet die Göttin, den darin befindlichen Wein in aufbauende Mondkraft umzuwandeln. Die Hexen glauben, daß Kelch und Wein in diesem Moment zum spendenden Schoß der Allmächtigen, zum Mysterium ihrer Fülle werden und allen davon Trinkenden Stärke und inneren Reichtum schenken.

Kultanhängerinnen bevorzugen weniger Goldaccessoires als dezenten Silberschmuck, weil Silber den sanften, kühlen Schimmer von Mutter Mondin am ehesten zu vermitteln vermag.

Mancher mag mit Skepsis oder Abneigung die Existenz solcher »heidnischen« Kulte zur Kenntnis nehmen, da sie mit dem Monotheismus des Christentums nicht zu vereinbaren sind: Steckt in uns immer noch jenes früh eingeimpfte Gebot, alles, was nicht für Gott sei, müsse zwangsläufig gegen ihn sein? Aus unschuldiger Kindheit arglos übernommene Denkschablonen prägen auch heute noch viele Vorstellungen von Gut oder Böse, Wertvoll oder Wertlos, Akzeptabel oder Inakzeptabel.

»Sat naam« hieß das fünfte und letzte Initationswort längst versunkener fernöstlicher Lehren, die auf atlantische Runenkreise zurückgeführt werden. »Sat naam« bedeutet: Ich bin mir selbst mein eigenes Maß. Welch ein Anspruch!

Nun ist es zweifelsohne bequemer, Richtwerte und Normen, mit der Aufschrift »Wahrheit« versehen, fertig verpackt entgegenzunehmen. Sie suggerieren die scheinbare Gewißheit »richtig zu liegen«, einer geschützten Gemeinschaft Gleichgesinnter anzugehören. Aber alle geistigen Fortschritte, unsere wichtigsten Erkenntnisse, Entdeckungen und Erfindungen, wurden nicht im Schoß der Masse, sondern im stillen Alleingang einzelner geboren, als diese eingefahrene Gleise verließen, um neue Gedankenwege einzuschlagen. Innere Eigenständigkeit war, ist und bleibt eine wesentliche Voraussetzung jeder kreativen Leistung.

Albert Einstein, einer der bekanntesten Denker unserer Zeit, der durch seine Relativitätstheorie jahrtausendelang gültige Auffassungen über Zeit und Raum aus den Angeln hob, gab seinen Studenten den Rat, wenigstens einmal täglich bewußt intuitiven, unkonventionellen Ideen und Vorstellungen nachzuhängen.

Selber denken macht kritisch und manchmal sogar einsam. Aber es vermittelt auch ein Gefühl für individuelle Stärke und Verläßlichkeit. Selber denken erhöht die Kreativität, stabilisiert das Gefühlsleben und schenkt befreiende mentale Unabhängigkeit. Es ist eine unserer wichtigsten Aufgaben, eigene Einsichten zu gewinnen und aus Überzeugung nach ihnen zu leben.

Ob wir unsere Anleitungen dabei aus der Bibel oder den vorchristlichen Schriften, aus der Musik, aus der Natur, aus dem Kosmos, der Wissenschaft, aus heidnischen Riten oder aus unserem Unterbewußtsein beziehen, bleibt letztlich gleich: Nur das Resultat zählt. Vielleicht gibt es so viele Wege und Möglichkeiten der Vervollkommnung, wie es Menschen gibt?

Mondmeditationen gehören zu den ältesten Wegen.

So sehr sich der moderne Globus auch von der Mutter Erde unserer Voreltern unterscheiden mag, haben Kosmosweite, unzählbare Sternenschar und lunare Wechselspiele doch nichts von ihrer urtümlichen Faszination verloren. Denn sie lösen Empfindungen aus, die den aufgeklärten Menschen nicht weniger als einst Adam und Eva berühren. Und wenn wir uns wirkliche Muße und Ruhe gönnen, beginnt uns die Kleinheit der eigenen Existenz bewußt zu werden.

Wer diese Erkenntnis eine Weile ertragen kann und weiter im Dunkel der Nacht auszuharren vermag, wird irgendwann erahnen, daß persönliches Dasein, obwohl winzig, keinesfalls unbedeutend ist. Als ebenbürtiges Glied in einer langen Kette hat jeder Mensch einen Part zu spielen, von dem es, weiß Gott oder Mondin, nicht einerlei ist, ob er gut oder schlecht erklingt.

Mondmeditationen sind vermutlich der Ursprung aller sakralen Zeremonien. Wenn es ein verborgen schlummerndes, kollektiv unbewußtes, religiöses Wissen in der menschlichen Seele gibt, wird es hier am ehesten aufzuspüren sein. Ob wir auf eine irdische Wiedergeburt, auf eine Weiterentwicklung in unvorstellbaren, unbekannten Dimensionen oder auf ein Zurückfließen in eine allesumfassende Allseele hoffen – die alte, monatlich neu von unserem Erdtrabanten demonstrierte Botschaft von der unlösbaren Verknüpfung zwischen Tod und Leben spiegelt sich heute wie schon damals am Himmel wider. Der kosmische Fingerzeig, daß nichts endgültig festgelegt, daß Kleines groß und Großes wieder klein werden kann, daß alles Bestehende gerechterweise gleichermaßen Veränderungen und Wechselfällen unterworfen ist, wird sich in jeder Nacht finden lassen: Spielregeln des Lebens. Wir müssen nur hinsehen.

Wer sich der Mondin zuwendet, wird nicht leer ausgehen. Er wird inspiriert, gestärkt, beschwingt oder beruhigt in die fordernde Helligkeit des Alltags zurückkehren.

Unzählbar sind die Gebete, Anrufungen, Wünsche und Seufzer, die seit dem Anbeginn menschlichen Selbst-Bewußtseins zum Mond emporgesandt wurden mit der Bitte um Beistand. Das nächtliche Himmelslicht war und ist ein tröstlicher Zufluchtsort in der Stille der Nacht, und es vereint Jahrtausende menschlicher Zivilisation in seinem Glanz. Kein Ort, kein Heiligtum war so oft Ziel letzter Hoffnung wie Frau Luna: »Mond, o Mutter Mond...«

# Literatur


Abel, E. L.: Die geheimnisvollen Kräfte des Mondes, München 1976
Abendroth, Heide G.: Die Göttin und ihr Heros, München 1980
Andreas, P. und Rose L. Davies: Das verheimlichte Wissen, Interlaken 1993
Bachofen, Johann Jakob: Mutterrecht und Urreligion, Stuttgart [6]1984
Bächtold-Stäubli, Hanns: Handwörterbuch des deutschen Aberglaubens, Berlin/New York 1987
Barth, Ariane: »Die Macht des Mondes«, in: Der Spiegel (17), April 1987
Baumann, Hermann: Das doppelte Geschlecht, Berlin 1986
Beauvoir, Simone de: Das andere Geschlecht, Hamburg 1992
Besant, Annie: Esoterisches Christentum, Leipzig 1903
Bettelheim, Bruno: Die symbolischen Wunden, Frankfurt/Main [2]1990
Beurmann, Arno: Der Aberglaube der Jõger, Berlin 1961
Bibby, Geoffrey: Faust-Keil und Bronzeschwert. Erforschung der Frühzeit des europäischen Nordens, Reinbek 1972
Borchers, Elisabeth: An den Mond, Frankfurt/Main 1986
Chang-Chung Yuan: Tao, Zen und die schöpferische Kraft, o. O. u. J.
Däniken, Erich von: Aussaat und Kosmos, Bergisch Gladbach 1990
Davis, Elizabeth G.: Am Anfang war die Frau, Berlin 1987
Deschner, Karlheinz: Das Kreuz mit der Kirche, Düsseldorf 1994
Donovan, Frank: Zauberglaube und Hexenkunst, München o. J.
Dörr, J. und Leni Hermann: Esoterik – was ist das?, Düsseldorf 1984
Eichhorn, Werner: Die Religionen Chinas, Stuttgart 1973
Erman, Adolf: Die Religion der Ägypter, Berlin/New York 1985
Frazer, James George: Der goldene Zweig, Hamburg 1989
Frischbier, Hermann: Hexenspruch und Zauberbann, Berlin 1970
Gaube, Karin und A. von Pechmann: Magie, Matriarchat und Marienkult, Reinbek 1986
Gauquelin, Michel: Macht uns das Wetter krank?, München 1975
Göttner-Abendroth, Heide G.: Die tanzende Göttin, München [2]1984
Grützmacher, R. H.: Vorderasiatische, afrikanische und amerikanische Religionen, Leipzig 1937
Güttler, Adalbert und Winfried Petri: Der Mond, Heidelberg 1962
Haber, Heinz: Unser Mond, Stuttgart 1969
Haining, Peter: Hexen, Oldenburg/Hamburg 1977
Halkes, Catharina J. M.: Gott hat nicht nur starke Söhne, Gütersloh [5]1987
Halkes, Catharina J. M.: Suchen, was verloren ging, Gütersloh 1985
Hansen, Harold A.: Der Hexengarten – Zauberkräuter des Mittelalters und ihre Wirkung, München 1988

Heckert, Hilmar: Lunationsrhythmen des menschlichen Organismus, Leipzig 1961
Herrmann-Lisi, Christiane: Einbildung ist alles, Bielefeld 1995
Herrmann-Lisi, Christiane: Plädoyer für die Unsterblichkeit, Bielefeld 1994
Heumann, H.: Geschichte für morgen, Frankfurt/Main o. J.
Hunke, Sigrid: Europas eigene Religion, Bergisch Gladbach 1983
»Ihr Gehirn ist einmalig«, in: P. M., April 1988
Jahn, Ulrich: Hexenwesen und Zauberei in Pommern, Budapest 1995
Juhl, Eduard: Im Ringen mit Satans Reich – Aberglaube und Zauberei, Berlin-Dahlem 1926
»Die Katastrophe, die den Mond schuf«, in: P. M., Juni 1986
Khuon, Ernst und G. Siefarth: Mondflug in Frage und Antwort, Düsseldorf 1969
Klepzig, Fritz: Kinderspiele der Bantu, Meisenheim am Glan 1972
Köberlein, Ernst: Caligula und die ägyptischen Kulte, Meisenheim am Glan 1962
Kohlenberg, Karl F.: Enträtselte Vorzeit, Rastatt 1981
Kutscher, Gert: Chimù – eine altindianische Hochkultur, Berlin 1950
Läpple, Alfred: Der Glaube an das Jenseits, Aschaffenburg 1978
Laurence, E. A.: Kosmische Mächte, Bergisch Gladbach 1982
Leicht, H.: Indianische Kunst und Kultur, Zürich 1944
Lieber, A. und B. Agel: The Lunar Effect – Biological Tides and Human Emotions, o. O. u. J.
Limbacher, Max von: Die Planetenzusammenhänge der Bäume. Reportage über ein zukunftsweisendes Waldprojekt, Reinbek 1986
Luce, Gay Gaer und Julius Segal: Der Mensch verschläft ein Drittel seines Lebens, München o. J.
Maertens, Thierry: Heidnisch-jüdische Wurzeln der christlichen Feste, Mainz 1965
Malinowsky, Bronislaw: Das Geschlechtsleben der Wilden, Leipzig/Zürich o. J.
Marzell, Heinrich: Zauberpflanzen, Hexentränke, Stuttgart 1963
Mbiti, John S.: Afrikanische Religion und Weltanschauung, Berlin/New York 1974
Mensching, Gustav: Toleranz und Wahrheit in der Religion, Heidelberg 1955
Meyer, Carl: Der Aberglaube des Mittelalters und der nächstfolgenden Jahrhunderte, Hildesheim/New York 1971
Miegga, Giovanni: Die Jungfrau Maria, Göttingen 1962
Mollenkott, Virginia R.: Gott eine Frau? Vergessene Gottesbilder der Bibel, München ³1990
Mulack, Christa: Die Weiblichkeit Gottes, Stuttgart 1983
Mulack, Christa: Maria, die geheime Göttin im Christentum, Stuttgart 1985
Müller, Rolf: Sonne, Mond und Sterne über dem Reich der Inka, o. O. 1972
Mythen der Völker, Frankfurt/Main 1967

Nielsen, Ditlef: Die altarabische Mondreligion und die mosaische Überlieferung, Straßburg 1904
Paungger, Johanna und Thomas Poppe: Vom richtigen Zeitpunkt, München [27]1995
Preuss, Konrad Theodor: Religion und Mythologie der Uitoto, Göttingen 1921
Rahner, Hugo: Symbole der Kirchen, Salzburg 1964
Rinne, Olga: Die Zeiten der Magier – Lesebuch zum Okkultismus in Europa, Darmstadt/Neuwied 1983
Rush, Anne Kent: Mond Mond, München 1978
Schmidt, Phillip: Dunkle Mächte, Frankfurt/Main 1956
Schreier, Josefine: Göttinnen – ihr Einfluß von der Urzeit bis zur Gegenwart, Wien 1968
Seleschnikow, S. I.: Wie viele Monde hat ein Jahr?, Köln 1981
Sementowsky, Nikolaus von: Der Mensch griff nach den Sternen, Zürich/Stuttgart 1970
Shahar, Shulamith: Die Frau im Mittelalter, Frankfurt/Main 1988
Sharamon, Shalila und Bodo J. Baginski: Kosmobiologische Geburtenkontrolle, Durach 1991
Shuttle, Penelope und Peter Redgrove: Die weise Wunde Menstruation, Frankfurt/Main [10]1993
Spieß, Hartmut: »Zur Frage der Wirksamkeit kosmischer Rhythmen und Konstellationen«, in: Lebendige Erde, November/Dezember 1987
Sunden, Hjalmar: Die Religion und die Rollen, Berlin 1966
Tokarew, S. A.: Die Religion in der Geschichte der Völker, Köln 1980
»Und wenn es doch angeborenes Wissen gibt ...«, in: P. M., Oktober 1987
Watson, Lyall: Stimmungsschaukel. Lithium gegen Depressionen – die dritte Revolution in der Psychiatrie, Zürich/München 1979
Wörterbuch der Mythologie, Götter und Mythen im alten Europa, Stuttgart 1973
Zinserling, Verena: Die Frau in Hellas und Rom, Stuttgart 1972

# Register

Zsuzsanna E. Budapest

**Das magische Jahr**

Mythen, Mondaspekte, Rituale

Ein immerwährender Frauenkalender

*304 Seiten mit zahlreichen Abbildungen, Festeinband*

Anna Perenna, die Urmutter der Zeit, wacht über den Jahreskreis und führt durch diesen Kalender: Auf ihrer Reise durch die zwölf Monate vermittelt sie Naturmagie und Hexenwissen der weisen Frauen von einst, enträtselt Zauber und Mythen und haucht den längst vergessenen Feiern und Feiertagen der alten matriarchalischen Traditionen neues Leben ein.

Eine moderne Einführung in Rituale und Festkulturen vergangener Tage, die den pazifistischen Charakter des Feierns für unsere konfliktbeladene Zeit wiederentdeckt.